历史的丰碑丛书

钢铁时代的引路人
贝塞麦

付阳 编著

吉林人民出版社

图书在版编目(CIP)数据

钢铁时代的引路人——贝塞麦/付阳编著．--长春：吉林人民出版社，2011.4（2021.8 重印）

（历史的丰碑丛书）

ISBN 978-7-206-07670-1

Ⅰ．①钢… Ⅱ．①付… Ⅲ．①贝塞麦（1813～1898）—生平事迹—青年读物②贝塞麦（1813～1898）—生平事迹—少年读物 Ⅳ．① K835.616.1

中国版本图书馆 CIP 数据核字 (2011) 第 038461 号

钢铁时代的引路人 贝塞麦
GANGTIE SHIDAI DE YINLUREN BEISAIMAI

编　　著：付　阳
责任编辑：崔　晓　　　　封面设计：孙浩瀚
制　　作：吉林人民出版社图文设计印务中心
吉林人民出版社出版 发行（长春市人民大街7548号　邮政编码:130022）
印　刷：北京一鑫印务有限责任公司
开　本：787mm×1092mm　　1/16
印　张：8　　　　字　数：72千字
标准书号：ISBN 978-7-206-07670-1
版　次：2011年4月第1版　　印　次：2021年8月第2次印刷
定　价：35.00元

如发现印装质量问题，影响阅读，请与出版社联系调换。

编者的话

"欲知大道，必先为史"。

回溯人类的足迹，人们首先看到的总是那些在其各自背景和时点上标志着社会高度和进步里程的伟大人物。他们是历史的丰碑，是后世之鉴。

黑格尔说："无疑，一个时代的杰出个人是特性，一般说来，就反映了这个时代的总的精神。"普希金说："跟随伟大人物的思想是一门引人入胜的科学。"

以史为鉴，面向未来。作为21世纪的继往开来者，我们觉得，在知史基础上具有宽广的知识结构、开阔的胸襟和敏锐的洞察力应是首要的素质要求，而在历史的大背景

◆ 历史的丰碑丛书

中追寻丰碑人物的思想、风范和足迹，应是知史的捷径。

考虑到现代人时间的宝贵，我们期盼以尽量精短的篇幅容纳尽量丰富的信息，展现尽量宏大的历史画卷和历史规律。为此，我们编撰了这套丛书。

编撰丛书的过程，也是纵览历代风云、伴随伟人心路、吸收历史营养的过程。沉心于书页，我们随处感受着各历史时期伟大人物所体现的推动历史进步的人类征服力量。我们随着伟人命运及事业的坎坷与辉煌而悲喜，为他们思想的深邃精湛、行为的大气脱俗而会意感慨、拍案叫绝。

然而，在思想开始远游和精神获得享受的同时，我们也随之感受到历史脚步的沉重

编者的话 ◆

和历史过程的曲折。社会每前进一步都是艰难的，都伴随着巨大的痛苦和付出。历史的伟大在于它最终走向进步，最终在血污中诞生了鲜活的"婴孩"。

历史有继承性和局限性，不能凭空创造。伟人也有血肉，他们的思想、行为因此注定了同样具有历史的局限性和阶级的、时代的烙印；他们的功业建立于千千万万广大人民群众伟大创造的基础上。历史是人民群众创造的，伟大的人物们是历史和时代造就的。同时，我们也无法否定此间他们个人的努力。这也正是我们编撰这套丛书的目的。

我们期盼着这套丛书得到社会的认同，对读者，特别是青少年读者之历史感、成就感和使命感的培养有所裨益。史海浩瀚，群

◆ **历史的丰碑丛书**

星璀璨。我们以对广大青少年读者负责的精神，精心遴选，以助力青少年成长进步，集结出版了《历史的丰碑》系列丛书，敬请读者批评、指正。

历史的丰碑丛书

编 委 会

策　划：胡维革　吴铁光
　　　　　林　巍　冯子龙
主　编：胡维革　邢万生
副主编：贾淑文　谷艳秋
编　委：（按姓氏笔画为序）
　　　　　于二辉　刘士琳
　　　　　刘文辉　孙建军
　　　　　李艳萍　吴兰萍
　　　　　杨九屹　隋　军

在金属世界的王国里称王称帝的要数钢。只要我们随意向四周望一望，不难发现人类的许多重负几乎全靠钢来支撑，钢铁材料差不多可以用来做任何东西的骨架。大型楼房建筑，其最基本的支架是钢筋混凝土；铁路运输，实际上应该叫"钢路运输"，因为那支撑火车重量的轨道是硬度极高的钢轨，铁在这里则"不胜重负"，承担不起那高强度的撞击。我们今天的时代从某种程度上可以说是钢铁的时代。

人类走进钢铁时代是在100多年以前。一位叫亨利·贝塞麦的英国冶金学家首创了大量产钢的方法，从此以后，钢铁材料就在金属世界的王国里大展拳脚，迅速地扩大着自己的领地，而最终取得了霸主地位。

亨利·贝塞麦作为钢铁时代的引路人而被载入人类文明的史册之中。

目 录

呼唤钢材的时代 ◎ 001

小小探索者 ◎ 019

"来福"炮筒 ◎ 031

发明转炉炼钢 ◎ 045

"最悲惨的结局" ◎ 060

发明权之争 ◎ 075

一石激起千重浪 ◎ 085

夕阳无限好 ◎ 099

钢铁时代的引路人　**贝塞麦**

呼唤钢材的时代

> 如果可能，那就走在时代的前面；如果不能，那就同时代一起前进；但是决不要落在时代的后面。
> ——布留索夫

一提起发明家，大家准会脱口而出："爱迪生，爱迪生是发明家。"甚至连四五岁的小孩子也知道是爱迪生发明了电灯，给人类带来了光明。以后呢？也许大家还会想到发明家瓦特，他的名字是与蒸汽机和工业革命连在一起的，或者是莱特兄弟，他们使人类插上翅膀，在空中翱翔的古老梦想成为现实。可是，如果有人要问："你知道发明家贝塞麦吗？"那大多数人就会皱起眉头在脑袋里面搜寻一遍，然后说："不知道，贝塞麦也

→ 贝塞麦故居

科学家卷　001

←贝塞麦

是发明家吗？可是他发明过什么呢？"

贝塞麦的确也是一位发明家，而且他的发明成果与其他人相比丝毫都不逊色。他发明了一种与众不同的炼钢方法，使钢的大批量生产成为可能，引领着人类走入了钢铁时代。我们可不能小看这项发明，只要我们认真向周围看一下，就不难发现人类的生活与钢铁材料多么息息相关，我们今天已不可一日无钢铁。瞧，我们住的楼房，厨房里用的锅、盆、刀、铲自不必说，出门代步的自行车、汽车、火车，即便是农村

钢铁时代的引路人　贝塞麦

用的犁、锹、镰、脱粒机、播种机等浑身也都是钢铁，还有呢，横跨江河的钢铁大桥，天上的卫星，新型的坚固的大炮，哎呀，真是多得数不过来！钢铁产品在当今世界所有金属性产品中占95.5%之多。我们被钢铁材料包围了。

可是这一切，如果没有钢铁时代的到来简直是不可想象。在贝塞麦生活的那个时代，钢铁材料品种既少，质量又差，稍微好一些的优质钢贵得惊人，主要用来做刀剑，决不允许我们像现在这样把它们招之即来地用到各个领域中去。

亨利·贝塞麦（Henry Bessemer）生活在距今100多年以前的英国。他在英国出生，最后也葬在英国，不过，他具有法国血统，他的父亲是法国人，是在法国大革命的时候逃亡到英国的。贝塞麦后来也加入了法国籍。但是，他大部分的时间是在英国生活，他的发明创造活动也大多是在英国进行的，我们仍然称他为英国的冶金学家、发明家。

贝塞麦生活的那个时代正是英国工业革命蓬勃发展的时期，社会正发生着巨大的变化。那时，蒸汽机已经出现了，蒸汽机的发明和使用在工业上是一个重大的变革。蒸汽机出现以前的机器都是木制的，制造机器的技术依然靠工匠思考的敏锐和手艺的灵巧。换

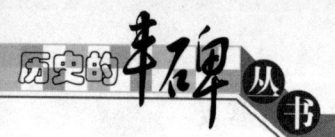

言之，机器制造的基础，依然是手工业者个人的力量和熟练程度。这种情况下，机器本身都不能摆脱手工业的羁绊，则整个工业当然也不可能从旧生产方式的躯壳中解放出来。

自从瓦特对当时已经出现的原始蒸汽机做了重大改进，蒸汽机迅速取代了其他动力，使工厂中形成了由工作机、传动机和动力机组成的机器系统。从此，机器大工业代替了工场手工业。而且，由于木制的机

←瓦特塑像

钢铁时代的引路人　贝塞麦

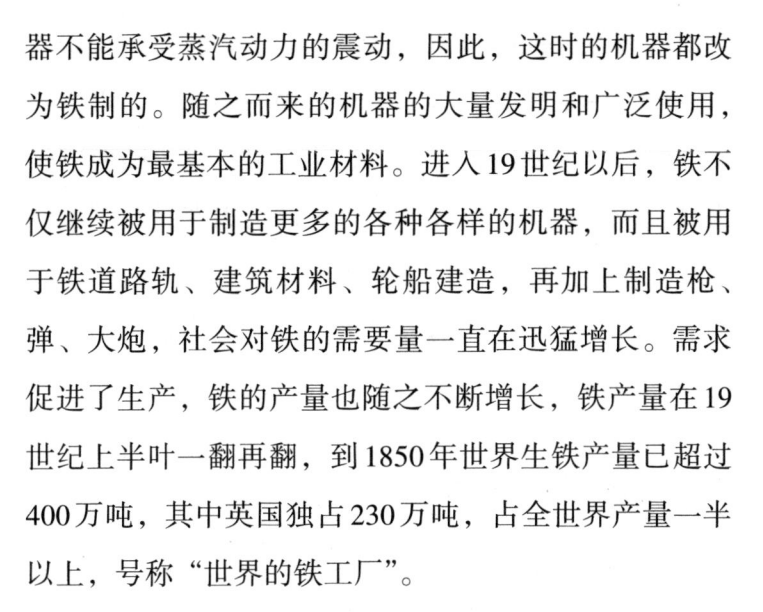

器不能承受蒸汽动力的震动，因此，这时的机器都改为铁制的。随之而来的机器的大量发明和广泛使用，使铁成为最基本的工业材料。进入19世纪以后，铁不仅继续被用于制造更多的各种各样的机器，而且被用于铁道路轨、建筑材料、轮船建造，再加上制造枪、弹、大炮，社会对铁的需要量一直在迅猛增长。需求促进了生产，铁的产量也随之不断增长，铁产量在19世纪上半叶一翻再翻，到1850年世界生铁产量已超过400万吨，其中英国独占230万吨，占全世界产量一半以上，号称"世界的铁工厂"。

虽然当时钢铁成为越来越炙手可热的金属材料，在材料工业中的地位扶摇直上，可是冶炼钢铁的工业却是十分不争气。其实人类早在两三千年以前便开始使用铁器，但经过一代一代人的不懈努力，一点一滴地积累经验，所得到的成果却是微乎其微，始终没有飞跃性的大发展。在贝塞麦做实验的时候，制造业使用的铁基本上只有两种：一种是铸铁，一种是熟铁。

把铁矿石和焦炭、石灰石混合后加热就可以炼出铁来。这样炼出的铁含有大量的来自焦炭里的碳，被称作"铸铁"。铸铁可以熔化和铸造成各种形状，可以用来制造发动机汽缸、机座和许多其他产品。它价格便宜、质地坚硬，但却很脆，用力敲击就会出现裂纹。

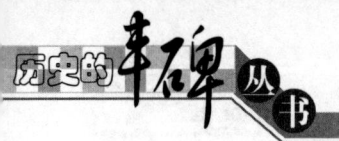

熟铁的特点及性能与铸铁大不相同了。将铸铁和铁矿石混合加热熔炼，能够除去铸铁中的碳成分。因为铁矿石中含有的氧同铸铁中的碳化合成一氧化碳变成气泡释放出来，最后燃烧掉。这样就可以获得几乎是纯的铁，含碳量极小，在0.035%以下，这种铁叫作"熟铁"。熟铁强度大，多次撞击也不会出现裂纹，但质地柔软，价格昂贵。它的主要优点是能用各种各样的方法进行锻、压和成型。熟铁被用来做铁轨、船壳、桥梁和各种机器部件。

这两种铁都具有明显的缺点，铸铁太脆，熟铁太软，它们都缺少工业材料所要求的韧性，这就大大限制了铁的使用范围。

还有一种铁介于"铸铁"和"熟铁"之间，这就是"钢"。钢事实上也是铁家族中的一个兄弟，不过它是特别优秀的一个，因而它的名字就那么特立独行，好像要分家的样子。但是不管它怎样的骄傲，它都改变不了自己的出身。钢仍然是含碳量在0.04%—1.7%之间的一种铁。它了不起的地方在于比铸铁的强度大，比熟铁的硬度高，兼有两者的长处，既有熟铁的易加工性也具有铸铁的硬度。因而，随着工业革命的深入和发展，钢便成了受宠儿。

本来，在相当古老的年代就已有了原始的炼钢技

钢铁时代的引路人 **贝塞麦**

← 现代钢铁厂

术。早在公元前15世纪的亚美尼亚，据说就已采用了所谓"渗碳法"炼钢，即把熟铁反复加热锤打，使碳素渗入熟铁表面。用这种技术炼出的钢数量不可能大，而且仅仅局限于熟铁表面上的一层。

古来的名剑宝刀，都是用这种"千锤百炼"的方法制造的。这种"渗碳法"和"淬火""退火"技术相结合，确实制造出了锋利惊人的刀剑。这种方法一直被人们应用到18世纪。

进入18世纪以后，英国的炼钢工业有了一些变化，主要是亨茨曼炼钢法的发明。

在亨茨曼炼钢法发明之前，英国通常的炼钢法是

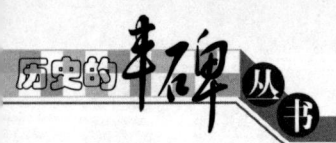

用瑞典进口的质量好的棒铁放在熔炉中用木炭加热10天，使含碳量增加，达到一定硬度，表面上有气泡，称为"气泡钢"。如果要炼成更好的钢，可以把这种气泡钢弄成大块，再加热和锤打，使它变得坚韧，称为"韧钢"。

亨茨曼的炼钢法与气泡钢迥然不同，他开创了近代炼钢法——坩埚法。

亨茨曼是林肯郡唐卡斯特的钟表匠，曾学过一点机械学和外科医术。1740年，他离开唐卡斯特到英国的钢铁工业基地设菲尔德定居，据说因为他买不到好钢来造钟表发条而引起他对炼钢技术的研究。经过长期的努力，最后大约在1750年获得成功。

亨茨曼炼钢法（或称坩埚炼钢法）先把气泡钢放在小陶坩埚内，用焦炭加高热熔化，烧尽杂质，然后将钢水倒在铁制的模子里，锻成钢锭，再切成大小的钢条，称为"铸钢"。这种钢纹理细，坚韧而有柔性，适合制造钟表发条、剃刀、小刀和最上等的钢制品。

亨茨曼炼的钢不久驰名全欧，深受欢迎。他的阿特克利夫炼钢厂（设菲尔德近邻）虽然不大，可算近代第一个炼钢厂，1770年开始繁荣起来。亨茨曼炼钢法炼的钢在1790年为英国普遍使用。从1793年起，博尔顿公司发出定购铸钢的定期订货单；从1799年起，

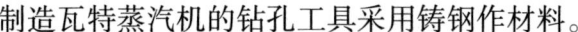

制造瓦特蒸汽机的钻孔工具采用铸钢作材料。

虽然在当时已有了使熟铁渗碳的"泡钢"法和用坩埚炼钢的"铸钢"法，但生产"泡钢"要经过10天左右的渗碳过程，生产"铸钢"一次产量不过几十公斤，而且它炼钢成本高、质量不稳定。这些方法效率都很低，产量也有限，因而大大限制了钢材的使用。到19世纪中叶以前，冶金业几乎还是铁的世界，钢的产量还不到铁的1/40，而且价格昂贵。1854年英国生铁每吨价值3—4英镑，熟铁每吨8—9英镑，钢每吨则高达50英镑。

而社会的发展却是越来越急不可待地要求更多更好的钢铁材料。1807年，美国富尔顿成功地使蒸汽机轮船进行了处女航。1825年，"旅行号"机车在世界第一条铁路上进行了盛况空前的试车。轮船、火车及铁桥的出现，使交通运输业发生了根本性的变革，更迫切地需求优质的钢铁材料。同时，工业各部门的机械化也离不开钢和铁。冶金技术的进一步改革势在必行。

时代召唤着巨人，巨人也踏着时代的节拍走上历史舞台。到了19世纪50—60年代涌现出大批生产钢铁、研究钢铁的人。

贝塞麦充当了这一领域的开路先锋。以他的成就，使一度昂贵的钢成为现代社会最普遍的材料之一，取

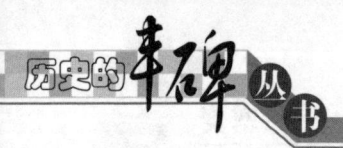

得了近代工业的一大进步。他生活的那个世界因他的成就而发生了翻天覆地的变化，而他对后世的影响更是不可估量。

无疑，贝塞麦是新兴炼钢工业的一位真正的助产士，他使这一新兴工业在很短的时期里迅速成长，跨入成年期。在享受着钢铁时代成果的时候，我们怎么能忘记对钢铁冶炼技术做出伟大贡献的发明家——亨利·贝塞麦的功绩呢？

←炼钢厂转炉

钢铁时代的引路人　**贝塞麦**

相关链接
XIANGGUAN LIANJIE

爱迪生

爱迪生（1847—1931）是举世闻名的美国电学家、科学家和发明家，被誉为"世界发明大王"。他除了在留声机、电灯、电话、电报、电影等方面的发明和贡献以外，在矿业、建筑业、化工等领域也有不少著名的创造和真知灼见。爱迪生一生共有约两千项创造发明，为人类的文明和进步做出了巨大的贡献。

爱迪生同时也是一位伟大的企业家。1879年，爱迪生创办"爱迪生电力照明公司"；1880年，白炽灯上市销售；1890年，爱迪生已经将其各种业务组建成为爱迪生通用电器公司；1891年，爱迪生的细灯丝、高真空白炽灯泡获得专利；1892年，汤姆·休斯敦公司与爱迪生电力照明公司合并成立了通用电气公司，开始了通用电气在电器领域长达一个世纪的统治地位。

爱迪生同时被誉为"光明之父""现实中的普罗米修斯""发明大王"，他拥有白炽灯、留声机、

科学家卷　011

碳粒电话筒、电影放映机等一千多项发明专利权。

爱迪生在纯科学上第一个发现出现于1883年。试验电灯时，他观察到他称之为"爱迪生效应"的现象：在点亮的灯泡内有电荷从热灯丝经过空间到达冷板。爱迪生在1884年申请了这项发现的

← 爱迪生发明了留声机

专利，但并未进一步研究。而旁的科学家利用爱迪生效应发展了电子工业，尤其是无线电和电视。爱迪生又企图为眼睛做出留声机，电影摄影机即产生于此。使用一条乔治·伊斯曼新发明的赛璐珞胶片，他拍下一系列照片，将它们迅速地、连续地放映到幕布上，产生出运动的幻觉。他第一次在实验室里试验电影是在1889年，1891年申请了专利。1903年，他的公司摄制了第一部故事片

1872年爱迪生发明的电报机

"列车抢劫"。爱迪生为电影业的组建和标准化做了大量工作。1887年爱迪生把他的实验室迁往西奥兰治以后,为了他的多种发明制成产品和推销,他创办了许多商业性公司。这些公司后来合并为爱迪生通用电气公司,后又称为通用电气公司。此后,他的兴趣又转到荧光学、矿石捣碎机、铁的磁离法、蓄电池和铁路信号装置上。

第一次世界大战期间,他研制出鱼雷机械装置、喷火器和水底潜望镜。

1929年10月21日,在电灯发明50周年的时候,人们为爱迪生举行了盛大的庆祝会。德国的阿尔伯特·爱因斯坦和法国的居里夫人等著名科学家纷纷向他祝贺。不幸的是,就在这次庆祝大会上,当爱迪生致答词的时候,由于过分激动,他突然昏厥过去。从此,他的身体每况愈下。1931年10月18日,这位为人类做过伟大贡献的科学家因病逝世,终年84岁。

爱迪生一生只上过三个月的小学,他的学问是靠母亲的教导和自修得来的。他的成功,还应该归功于母亲自小对他的谅解与耐心的教导,才

钢铁时代的引路人 **贝塞麦**

使原来被人认为是"低能儿"的爱迪生,长大后成为举世闻名的"发明大王"。

有人做过统计:爱迪生一生中的发明,在专利局正式登记的有1 300种左右。1881年是他的发明最高纪录年。这一年,他申请立案的发明就有141种,平均每三天就有一种新发明。

伟大发明家爱迪生的一生告诉我们:巨大的成就,出于艰巨的劳动。

瓦特

詹姆斯·瓦特(1736—1819)是英国著名的发明家,是工业革命时期的重要人物。英国皇家学会会员和法兰西科学院外籍院士。他对当时已出现的蒸汽机原始雏形做了一系列的重大改进,发明了单缸单动式和单缸双动式蒸汽机,提高了蒸汽机的热效率和运行可靠性,对当时社会生产力的发展做出了杰出贡献。他改良了蒸汽机、发明了气压表、汽动锤。后人为了纪念他,将制中功率和辐射通量的计量单位称为瓦特,常用符号"W"表示。他的名字将永远刻在人类的历史上。

瓦特1736年1月19日生于英国苏格兰格拉斯

← 瓦特塑像

哥市格里诺克。童年时代的瓦特曾在文法学校念过书，然而没有受过系统教育。瓦特在父亲做工的工厂里学到许多机械制造知识，以后他到伦敦的一家钟表店当学徒。1763年瓦特到著名的格拉斯哥大学工作，修理教学仪器。在大学里他经常和教授讨论理论和技术问题。1781年瓦特制造了从两边推动活塞的双动蒸汽机。1785年，他也因蒸汽机改进的重大贡献，被选为皇家学会会员。

钢铁时代的引路人　**贝塞麦**

1819年8月25日瓦特在靠近伯明翰的希斯菲德逝世。至今，人们仍然能在格拉斯哥大学的博物馆里看到瓦特的大理石雕像。

在历史上，工业革命与美国革命和法国革命几乎是同一时期出现的。虽然人们当时似乎对工业革命认识不清楚，但是今天我们可以看出它对人类日常生活的作用显然要比那两场伟大政治革命都重要得多。因此，詹姆斯·瓦特是历史上最

复式蒸汽机

科学家卷　017

有影响的人物之一。

瓦特在原有的纽科门蒸汽机基础上发明的新式蒸汽机结构,在这之后的50年之内几乎没有什么改变。瓦特蒸汽机发明的重要性是难以估量的,它被广泛地应用在工厂,成为几乎所有机器的动力,改变了人们的工作生产方式,极大地推动了技术进步并拉开了工业革命的序幕。它使得工厂的选址不必再依赖于煤矿而可以建立在更经济更有效的地方,也不必依赖于水能从而能常年地运转,这进一步促进了规模化经济的发展,大大提高了生产率的同时也使得商业投资更有效率。蒸汽机为一系列机密加工的革新提供了可能,更高的工艺保证各种机器包括蒸汽机本身的性能提高。经过不断的努力,引入更高气压的蒸汽,蒸汽火车蒸汽轮船便很快相继问世。

蒸汽机车加快了19世纪的运输速度:蒸汽机→蒸汽轮机→发电机,蒸汽为第二次工业革命即电力发展铺平了道路。

钢铁时代的引路人　贝塞麦

小小探索者

> 打开一切科学的钥匙都毫无异议地是问号，我们大部分的伟大发现都应归功于"如何"，而生活的智慧大概就在于逢事都问个为什么。
>
> ——巴尔扎克

1813年1月19日，在英国哈福德郡的查尔顿，一个小男孩降临人间。一家人欣喜地迎接他的到来，为他设想着将来。纵然天下每一个父母都会望子成龙，其实在他们心里最大的安慰还是孩子的快乐和健康。贝塞麦的父母亲并没有期望他成为名留史册的英雄人物，他自己当然也没有想到有一天会与钢铁时代连在一起，作为开创钢铁时代的引路人为世人所纪念和敬仰。

贝塞麦的父亲是一位从事科学技术工作的法国人，原是法国制币厂技师，后来逃亡英国，在英国经营一个字模铸造厂。贝塞麦的父亲本身便喜欢在工作中搞一些发明制作，由于受到家庭环境的熏陶，贝塞麦从

贝塞麦画像

钢铁时代的引路人　贝塞麦

小就对科学技术有了浓厚的兴趣，而父亲的发明家气质也遗传给了贝塞麦。

贝塞麦到了该上小学的年纪了，父亲把他送到了乡村学校去学习。他是一个聪明而又顽皮的孩子，总是喜欢搞一些恶作剧，做游戏的时候常常要改变游戏规则。而他的思维似乎也是沿着另一条道路在前进。总是能看到其他孩子看不到的东西，想出让人意外的问题。别人以为司空见惯、理所当然的事情，他却要反过来倒过去地琢磨出个所以然来。

小学毕业后，贝塞麦便离开了乡村学校，他喜欢依靠自己的双手参加劳动，于是，便在父亲的工厂里做了一名铅字浇铸工。父亲的工厂成了他学习技术的学校，在这里他可以学到许多学校学不到的东西。对于一个十几岁的孩子来说，在工厂里做工还是蛮辛苦

→贝塞麦故居

的，但是小贝塞麦却很快乐。闲暇的时候，便躺在草地上，暖洋洋地晒着太阳，做着他的白日梦。

1831年，贝塞麦刚刚18岁，他们全家从查尔顿迁往英国首都伦敦。从一个小城镇来到了驰名全球的大都市，一切对贝塞麦来说都有一种说不出的新鲜感。宽阔的马路，高耸的建筑，熙攘的人群，琳琅满目的商品，置身在这喧闹的城市中让人有一种目不暇接、眼花缭乱的感觉。况且那时英国的工业革命正在蓬勃发展，到处都是一片百废待兴、欣欣向荣的热闹景象。

远离了乡村，远离了那种安静、祥和的气氛，贝塞麦很快就适应了都市的生活，融入伦敦的节奏中。来到伦敦后不久，贝塞麦在一家邮政事务所里找到了一份工作。他的主要任务就是每天在往来的邮件上盖邮戳。一天之内同样一个动作重复上百次甚至上千次。

不久，贝塞麦就对他所从事的工作感到头痛，他越来越不能忍受这种工作的单调乏味。因此，他便开动脑筋，试图发明一种装置，用来代替这种单调的工作。

于是，他买来许多工具和零件，每天下班之后，就开始琢磨，一个人搞起试验来了。有人说贝塞麦有点反常了，别人干了那么长的时间，也没感到它有什么不好，贝塞麦还是一个新手，刚刚开始干，就想改

钢铁时代的引路人　**贝塞麦**

→ 黑便士是世界上『第一枚』邮票

进它，确实有点"反常"。况且他又是那样一个年轻小孩子，也没有念过多少书，不过是痴心妄想，一时的兴致罢了。

科学家、发明家所要干的事，往往都是"反常"的，这也正是一个发明家所应具有的品格。对于一个探索者来说，他能够从别人司空见惯的事物中发现不寻常的问题，并试图解决它。但是，假如我们不因循守旧地沿着惯例去行事，势必会遭到世人的不理解和阻力，我们只有冲破这些阻力坚定不移地做下去才可能获得成功。

贝塞麦不顾别人的冷嘲热讽，继续进行他的探索工作，经过一段时间的努力，还真的发明了一种自动盖邮戳的机器。贝塞麦欣喜若狂，高兴地蹦着跳着。这时候别人再也不能说什么了，大家都对这个小家伙另眼相看了。

很快,这项发明就引起了英国政府有关部门的重视,决定在全国邮政部门推广。

英国在1623年就制定了专利法,承认专利人在一定期限内有制造和使用其发明产品的垄断权利。就是说一个人有了发明,就应向专利部门申请专利,并通过获得专利权来保护自己的合法权益。但是年轻的贝塞麦不懂得申请专利,他的第一项发明竟无偿地被人使用了。邮政部门虽然推广应用了他的发明,但却没有给他任何报酬。从那以后,每当有任何发明时,他总要设法取得专利,以此来保护自己的权利。

完成这项发明后不久,贝塞麦就离开了邮政事务所,开始自己经营、生产金属合金及青铜粉。有一次,他外出去为妹妹购置某种黄铜制成的金属颜料,这种颜料的价格高得令他震惊,贝塞麦不仅具有发明家的品格,而且也具有商人眼光,他看出这是一件有利可图的领域,因而他设计了一个自动化车间生产颜料。而且,很快他又完成了一项发明,即制造金属粉末的机器,这一次,他懂得了应该利用专利法来保护自己的发明权,并立即申请了专利。这一项发明的保密期长达40年之久,因而贝塞麦通过这一项发明赚取了足够的钱,赢得了资金方面的保证。这对于他今后的发

钢铁时代的引路人 **贝塞麦**

→ 摩纳哥邮票博物馆的邮票印刷机

明创造活动也是很重要的。具有聪明的头脑、绝妙的设想、坚韧不拔的毅力、百折不回的勇气固然重要，可是做实验、搞发明有时候也需资金方面的保证。

贝塞麦有了几项发明，并且赚取了一定的钱，便从事起专职发明家的事业。他不仅发明过自动盖印机，还曾对制糖压榨机、望远镜、铅笔等的制造进行过革新，他是一个在许多方面都有所创造的发明家。

贝塞麦确实是一位具有特殊性格的人，他只上过小学，也许正因为如此，他才没有被老框框束缚，他的思想可以驰骋到"人迹罕至"的"地带"。他从来也不认为现存的一切都是对的，因此，无论在哪里，他都能发现问题，也都能有所创造。这种探索精神一直伴随他一生，成为他最大的精神财富。

贝塞麦的乡村童年

贝塞麦之名听起来不像是英国人,这与贝塞麦的家庭有直接关系。贝塞麦之父虽然生在伦敦城中,但在11岁时随父母定居荷兰,后来成为荷兰的注册机械工程师,参与建造了荷兰第一台蒸汽机;21岁时又移居到法国巴黎;26岁时因在显微镜的改进方面的重大贡献而成为科学院的院士。法国大革命期间,贝塞麦的父亲被迫返回英国,凭借其在印染和金银首饰制造方面的技艺在伦敦

钢铁时代的引路人　贝塞麦

开始了新的奋斗。不久传来拿破仑即将入侵英国的消息，已经把全部家当丢在法国的贝父决定在英国寻找一个安全的避难所，最终选定了赫特福德郡查尔顿村。1813年1月19日，贝塞麦就降生在查尔顿村。贝父早在法国巴黎造币厂时就掌握了一手制造字模的绝技，闲不住的他很快就和伦敦著名的字模生产商亨利·卡斯隆建立了密切的关系，并在查尔顿村建立了字模铸造厂。卡斯隆成了贝塞麦家的常客，顺理成章地做了贝塞麦的教父，于是贝塞麦又有了"亨利"一名。

贝塞麦童年时代最崇拜的英雄是法国人盖达尔。这位画家和物理学家于19世纪30年代发明了世界上第一个成功的摄影方法——盖达尔照相法，在世界上引起了很大的轰动。"盖达尔"也成了发明家的代称，许多行业都在呼唤着新的盖达尔。这些情形给小亨利极深的印象，他梦想着将来也像盖达尔那样成为伟大的发明家。在父亲的字模铸造厂里，贝塞麦对机械和金属产生了浓厚的兴趣。每天放学之后，贝塞麦就急匆匆地赶回家中，在父亲的工厂中鼓捣各种机器。作为第一步的奖励，父亲给他买了一台伦敦名牌厂家出产的小型

← 盖达尔

精美旋床。在这台旋床和老虎钳旁摸爬滚打了大约一两年之后，贝塞麦终于获得父亲的允许，可以按照自己的想法设计各种各样的字模。这期间，贝塞麦取得了平生第一个发明，制成了一台烧制小型砖模的机器。贝塞麦还用制造字模的低熔点合金铸造了车轮、滑轮等各种机件模型。人们经常在傍晚看到贝塞麦在心爱的小狗陪伴下，专心

钢铁时代的引路人　**贝塞麦**

致志地坐在路边用黄泥捏制各种模型，而一两天之后这些泥制的物件就会变成金属铸造品。小贝塞麦已经表现出非凡的机械技能和创造力，村子里的人们很快就慷慨地用"亨利大师"来称呼他。在上学的路上，孩子们会怀着敬仰的心情给贝塞麦让路，大人们经常疼爱地问候一声"早上好，亨利大师"。

盖达尔摄影法拍摄的作品《巴黎寺院街》

亨利大师的好奇心甚大。他父亲生产的字模使用寿命比其他厂家的字模长得多，其奥妙一直是贝塞麦所欲探查的。工厂中每两个月开炉一回以炼制字模合金，为保密起见从不让不相干者参观。不过这难不倒贝塞麦，每当开炉之际，亨利大师总有办法钻进车间藏在某个角落里，仔细观看大块金属锑被破碎和铅一起投入炉中的熔炼过程。飞溅的火花，升腾的烟气常呛得贝塞麦咳嗽不止，大师因此被发现而遭驱逐。多次探查之后，贝塞麦终于发现熔炼过程中加入了少量锡和铜是其父生产的字模寿命较长的原因。金属中是否含有某些其他成分会造成金属性质的显著不同的事实，对贝塞麦后来发明的影响是难以估价的。

亨利大师不仅对金属感兴趣，对机械学更是情有独钟。除了父亲的工厂，村里还有几处贝塞麦留恋的地方。如果在父亲的工厂中见不着他，那么在村子另一头的四座磨坊中的某一座中准会发现贝塞麦。亨利大师经常一连几个小时不动窝地在观看水轮运转，琢磨着各个部件的机械原理，直到被家人找到为止。

钢铁时代的引路人　贝塞麦

"来福"炮筒

> 做出新发现时感到的快乐，肯定是人类心灵所能感受的最鲜明而真实的感情。
> ——贝尔纳

↑贝塞麦画像

1853年，爆发了一场俄土战争。这场战争是由俄帝国首先挑起战火的。这一年6月俄国乘土耳其虚弱之时开始侵略其南部，力图击败土耳其，控制黑海海峡，插足巴尔干半岛。土耳其虽然弱小，但也不能坐以待毙，同年10月对俄宣战。可是土耳其国力终究

科学家卷　031

← 克里米亚战争之塞瓦斯托波尔战役

是势单力薄，11月俄国便击溃土耳其舰队。

这时，英国和法国对亚洲出现的这种新形势十分关心，同时也想向南亚扩大势力范围，便开始援助土耳其，并于第二年（1854）对俄国采取了敌对行动。英、法、土联军于1854年秋天在克里米亚登陆。史称"克里米亚战争"。

每当战争发生无疑对人类是一次摧残，但战争的来临也会促进文明的进步。许多的发明发现都是在战争期间涌现出来的，而许多的英雄人物也会在战争期间崭露头角。

贝塞麦以一个军事工程师的身份卷入到"克里米亚战争"中。

作为具有法国血统的英国人，贝塞麦觉得支持这

钢铁时代的引路人　**贝塞麦**

克里米亚战争陈列武器

场战争是自己义不容辞的责任。他决定发挥自己的才能，来提高武器的威力。为此，他开始了对步枪的研究。

我们都知道，中国人不仅发明了火药，而且是筒形火枪的发明者。不久，中国人的发明便传到西方。西方人又不断地对火枪加以改进，其中最主要的改进就是在枪膛中开设了来福线。来福线是枪膛内呈螺旋状的凹凸线，根据口径的大小，有数条至数十条不等。枪筒中的来福线的作用是使子弹射出时旋转飞出，更加稳定地沿着弹道前进，提高命中率，增加侵切力。

究竟是谁发明了来福线，众说不一。大约在公元1500年就曾有过加有来福线的猎枪。但直到19世纪中

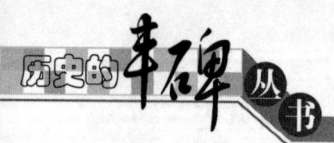

叶以前，在枪筒中加有来福线的枪还很少见。

贝塞麦首先研究了一种旧式的滑膛步枪。他发现，这种枪的明显缺点就是射程近，命中率低。当时英国陆军中使用的就是这样的步枪。贝塞麦根据科学原理，反复研究探索，制成了加有来福线的步枪。这样就可以使子弹在发射中旋转着前进，不但射程远，而且命中率也大大提高。

贝塞麦首先将自己研制的新式步枪推荐给英国的陆军总部，他本以为会立即受到欢迎。然而，一向因

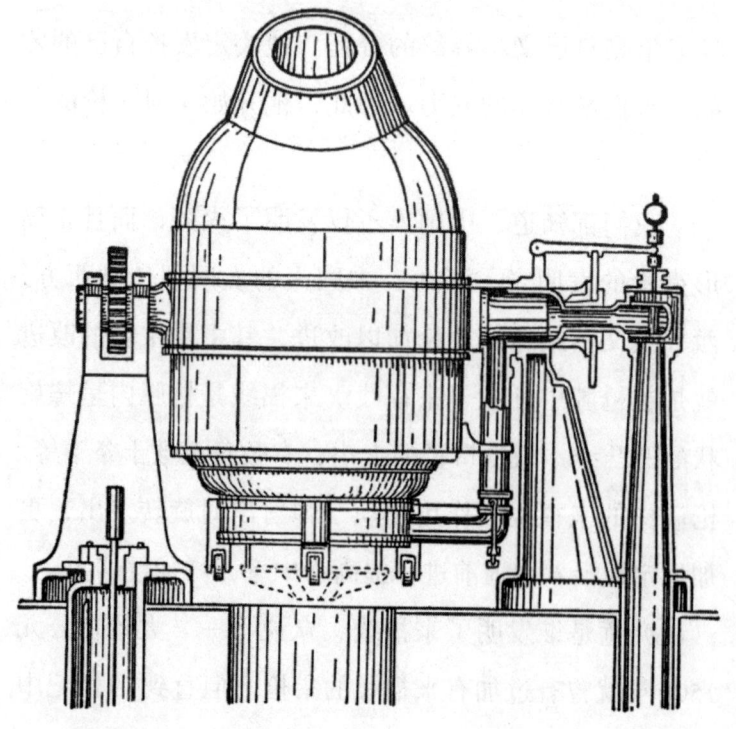

← 转炉线条图

钢铁时代的引路人　**贝塞麦**

← 陈列的贝塞麦转炉

　　循守旧的英国人，对于贝塞麦的发明却毫无兴趣。贝塞麦乘兴而去，败兴而归，大为失望。不得不将这种新式步枪拿到法国。新即位的法国皇帝拿破仑三世对这项发明极感兴趣，很快就对这种步枪进行了试验。

　　试验获得了成功，在战争中发挥出了它的优势。当时俄军使用的是旧式的滑膛步枪，这种步枪的枪膛内，由于没有螺旋线，子弹不旋转，因而命中率很差。克里米亚战争中俄军最终失败不能不说与贝塞麦的新式步枪有一定关系。

　　步枪改进的成功，使贝塞麦信心倍增，他又有了一个大胆的设想，即把来福线原理推广到大炮上去。拿破仑三世对贝塞麦的这一设想也积极支持，并出资

科学家卷　035

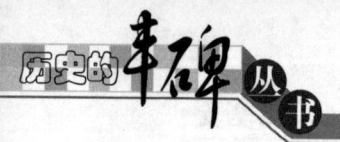

援助。为此,贝塞麦开始研究在有来福线炮筒中运行的新式炮弹。

贝塞麦夜以继日地工作着。在战争中,时间是一个多么重要的制胜因素,早一天发明出有力和实用的新式武器,就有可能大大地改变战争的进程。经过一段时间的努力,贝塞麦终于得到了一个满意的成果。

1854年12月22日,得到了拿破仑三世的准许,在残雪积存的布阿萨斯诺靶场上对这种新型大炮进行了试射。

巴黎郊外,法国陆军试炮场整洁平坦的炮台上,一字排开的4门新式大炮昂首挺立,威风凛凛。指挥

←贝塞麦钢

钢铁时代的引路人　贝塞麦

→铸造气缸

军官一声令下，炮手们紧张而有序地操纵着大炮。一场试弹演习马上就要开始了。

"轰，轰"炮兵开始发射了。炮声震声欲聋。贝塞麦作为现场试炮的科学顾问站在掩体内密切注视着试炮的结果。

"报告，观察哨旗语报告，1号炮20发炮弹全部命中目标。"

"报告，2号炮15发炮弹全部命中目标。"

"报告，3号炮弹无虚发，命中目标。"

……

科学家卷　037

贝塞麦听到士兵的报告，欣慰地笑了。

炮兵指挥官命令再发射50发，效果仍然很好。炮兵司令弗朗索瓦中将兴奋地握着贝塞麦的双手，感谢他为法国神勇炮兵研制出新式大炮。有了贝塞麦发明的这种新式大炮，法兰西炮兵将如虎添翼，更加所向无敌。弗朗索瓦中将下令发炮4响，以示对贝塞麦的祝贺。听着雷鸣般的炮声，贝塞麦踌躇满志，心花怒放。

试射结束后，贝塞麦和战士们举行了庆祝会，围着火炉喝着葡萄酒，大家举杯祝贺这位对科学发明如醉如痴的学者，大声赞扬着他的这一新发明。席间指挥官米尼耶将军却不无忧虑地说："您的30磅炮弹，我们用铸铁制造的大炮是否能够发射，是令人担心的。"贝塞麦的心往下一沉，谁不希望自己的辛勤耕耘能结出硕果，谁不希望自己的发明创造能大获全胜，为世人瞩目呢？在一片赞扬声中米尼耶将军的话在贝塞麦的心里激起了片片涟漪，在他那兴奋的情绪中投下了一道阴影，竟使他有些惴惴然。

很快，新式大炮装备了部队。贝塞麦紧张地注视着使用新炮的反应。起初，捷报频传，一个一个的好消息从前线飞回来。炮兵们反映说，新炮非常准确，炮弹可以发射到很远的地方，而且命中率也很高。贝

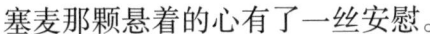

钢铁时代的引路人　贝塞麦

塞麦那颗悬着的心有了一丝安慰。

可是，好景不长，新式大炮参加实战后，问题却接二连三地传到贝塞麦耳朵里。不久，又发生了几起炮膛爆炸、炮手伤亡的重大事故。于是一连串的斥责声传到法国陆军总部："新式大炮不是力量不足，就是容易发生炸膛故事，炮手发炮时得冒着生命的危险……"

人们开始不相信贝塞麦了，有些军政要员说贝塞麦是个科学骗子，甚至有人怀疑他是隐藏在法国的间谍，秘密为英国服务，连一向支持他的弗朗索瓦中将，也明显地疏远他了。

贝塞麦的心里很难过，成功时大家是皆大欢喜的，不想遇到挫折和失败竟会引来这么多的猜忌和谩骂，贝塞麦觉得很委屈。

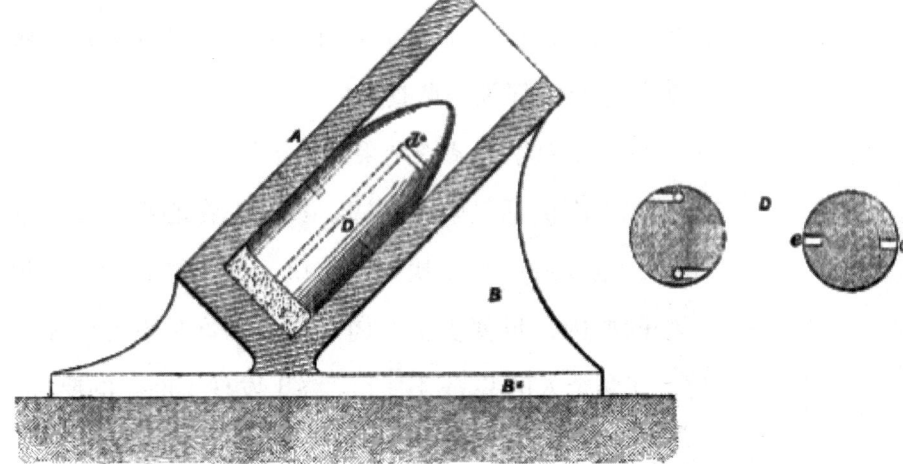

→贝塞麦迫击炮弹和大炮结构图

科学家卷　039

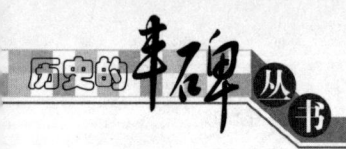

贝塞麦面临着巨大的精神压力，自己的发明失败倒也罢了，发明的道路原本就是不平坦的，没有谁会一帆风顺地完成发明创造。瓦特在发明蒸汽机时也曾一度受挫，沮丧地说："人生之事，没有一件比发明更加愚蠢。"可见发明是多么折磨人。贝塞麦这时已是一个职业发明家了，经过这许多年的风风雨雨，他已经有了一定的心理承受能力。可是炮手们因为使用这种新式大炮而伤亡，却让贝塞麦非常过意不去，战士们没有死在敌人的枪弹下，却做了自己发明的牺牲品，这无论如何不是科学家的本意。

可是贝塞麦并没有就此放弃对这种新式大炮的继续研究。他反复琢磨，为什么同样的原理用在步枪上就不会出现问题，而用在大炮上便会受挫呢？贝塞麦相信自己的大炮是所向无敌的。在他的强烈的要求和陆军顾问团的干预下，军方对贝塞麦的新式大炮出现的事故进行了仔细的调查。

贝塞麦对事故调查结果进行了认真的分析、研究。米尼耶将军的话又响在耳边。贝塞麦在心里回味着这句话，也许从中可以找到突破口。为了彻底弄清事故发生的原因，贝塞麦决心向一位法国炮兵设计专家请教，在两个人的共同努力下，终于发现了问题的要害。

当时法国和其他国家一样，大炮都是用铸铁制造

钢铁时代的引路人　贝塞麦

的。但是来福线结构对炮膛的要求很高。为了使炮弹旋转加速前进，就必须使炮弹与炮身密切配合。当弹丸与炮膛之间间隙过大时，火药爆炸使气体漏泄，弹丸旋转力量不足，效力也不大。两者之间间隙过小时，火药爆炸使炮膛内压力猛然增大，结果炮膛内外温度不均，造成炸膛。

根据调查结果，炮兵反映最多的就是因铸铁不耐高压而造成的炸膛事故，问题就出在铸铁材料上。如果能炼出耐高压的高韧性的铁来，新式大炮就不会出现事故，就能够发挥出它应有的效力了。

找到了问题的症结所在，贝塞麦将自己的调查研究结果公之于众。可是，绝大多数人不愿意相信贝塞麦的解释。当局一声令下，新式大炮被打入冷宫。贝塞麦花了多年的心血辛辛苦苦研制的大炮，顷刻之间变成了毫无用处的一堆废铁。

贝塞麦没有就此罢休，心想，只有突破材料这一难关，新式大炮才能起死回生。他决心冶炼出适合新式大炮的新材料来。一不做二不休，贝塞麦投身到冶炼工作中。他默默地对着废弃的大炮发誓，一定要炼出最好的铁来。

以此为契机，贝塞麦走上了探索钢铁冶炼的道路。米尼耶将军的话成了导致他寻找新的炼钢方法的一个火

← 克虏伯钢铁厂

花，照亮了他前进的道路。他沿着这条路勇敢地走下去，为人类文明发展史竖起了一块伟大的里程碑。

相关链接

克里米亚战争

克里米亚战争（又名"克里木战争"），是1853年10月20日因争夺巴尔干半岛的控制权而在欧洲爆发的一场战争，土耳其、英国、法国、撒丁王国等先后向俄国宣战，战争一直持续到1856年，以俄国的失败而告终，从而引发了国内的革命斗争。这场战争中英法联军使用了线膛枪、蒸汽船，大大提高了陆海军作战效能，铁路和电报也使军事行动的后勤指挥产生了革命性变革。

1853年俄国与奥斯曼帝国断交并开始占领多瑙河流域的土耳其附属国。战争的真正原因是奥斯曼帝国逐渐的、内部的瓦解，俄国认为这是将它在欧洲的势力不断扩大的好机会，尤其是它获得一个通向地中海和占领巴尔干半岛的好机会。奥斯曼帝国在巴尔干半岛上的统治此时显然摇摇欲坠，而俄国则争取获得对恰纳卡莱海峡和伊斯坦布尔海峡的控制。英国和法国反对俄国的扩张，它们不希望俄国获得这些战略要地，以维持英法

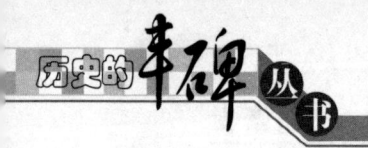

它们自己在东南欧的势力和利益。

克里米亚战争的后果之一是奥地利、普鲁士和俄罗斯之间的神圣同盟终止。

普鲁士在这场战争中持中立,战后普鲁士与俄罗斯的关系变好,与奥地利的关系变坏,而俄奥之间的关系恶化。英国与法国在战后也开始与俄罗斯修好,因此奥地利日趋孤立。到此为止奥地利在德意志邦联中处支配地位,但这个地位日益减弱,而普鲁士的地位则日益增高。由此欧洲各强国之间的势力均衡开始对奥地利不利地变化。奥地利的削弱同时也使萨丁尼亚不断增强。萨丁尼亚在意大利统一运动中起了一个支配性的地位。1861年在法国的支持下萨丁尼亚达到了建立一个意大利王国的目的。

钢铁时代的引路人　**贝塞麦**

发明转炉炼钢

> 从事伟大事业的人不要害怕幻想家或空想家的绰号,因为这些绰号与其说是糟蹋了得到的东西,不如说是给予了东西。
> ——雅科布斯

贝塞麦已经40岁了。由于在研制加有来福线的炮筒的过程中,为了找到适合炮身的钢铁材料,激起了他寻找新的炼钢方法的热情。可是这时,他并不是一个冶金方面的专家,事实刚好相反,当他开始从事这方面的工作时,他几乎还是一个门外汉,他的冶金学知识水平只能相当于铸造厂和铁匠铺的工人。一切都得从头做起,在人过中年的时候去开辟一片陌生的领地,并不是一件容易

→ 贝塞麦塑像

科学家卷　045

←贝塞麦高炉生产过程

的事。

贝塞麦这时已经完成了许多其他的发明，并且还担任了12年的顾问工程师，已是一个小有名气的职业发明家，可谓功成名就。但他不满足于此，他不愿意沿着惯性轨道走完自己的后半生，毅然地投入到新的炼钢方法的研究中。

当开始从事炼钢方法的研究时，贝塞麦记起了曾给予他极深刻印象的一件事。

1851年5月1日，在伦敦召开了第一届国际博览会。那时，英国已经完成了工业革命，号称"世界工厂"，这一次博览会又是东道主，将有世界各地的人来参加，正是一个夸耀的好机会，英国用3万张玻璃和钢架建造了一座"水晶宫"，用作博览会的会场，以此来显示它的强大。

钢铁时代的引路人　**贝塞麦**

可是强中更有强中手，德国人更是大出风头。在博览会开幕的当天，在楼梯正面中央展览室里展出了德国克虏伯工厂制造的野炮。这种野炮出奇制胜的地方就在于它不是用铸铁而是用钢铸成的。德国用另一种方式显示了自己的实力。当时的英国虽然钢铁工业已经比较发达了，但是用坩埚炼钢，每次也只能炼出35公斤铸钢，要想铸造这样的大炮，那还是相当困难的。阿尔伏莱特·克虏伯曾报告说："我们的展品被惊叹的目光注视着。"

这件事虽然给贝塞麦留下了深刻的印象，但是他当时并没有想到要涉足冶金工业。而今有了"来福"炮筒的冲击，他再也不能犹豫了，他断定这是一个有前途的事业，人类大量生产熔钢的时代就要来临了。

→工人在操作贝西默炼钢厂转炉

科学家卷　047

←工人在炼钢

　　科学家、发明家往往眼光远大,他们常能走在时代的前面,常能看到别人看不到的地方。而要挣脱时代的束缚也需要常人所不具备的勇气和信心。要想解决某一个尚未解决的问题,开拓一个新的领域,可能会耗尽你毕生的精力,研究了一辈子,结果仍然还是没法解决。不仅如此,搞科研、做实验也需要资金方面的保证,它可能会用尽你所有的积蓄而无成果,使你在穷困潦倒中度完余生。

　　贝塞麦考虑不了这么多,他只被一个信念支持着,

钢铁时代的引路人　**贝塞麦**

← 多尔曼龙钢厂在米德尔斯堡的冶炼工程

　　找到一种更好的炼钢方法，生产出价廉而质优的钢铁来。他坚信这种方法一定存在，也许人类已接近它的边缘，也许它正隐藏在某个地方，已经露出端倪，等着人类去驱散这最后一层迷雾。

　　从此，贝塞麦一头钻进了图书馆，在书海中漫游，广泛地收集资料。首先，他由远及近地研究了人类冶炼钢铁的历史。他从阅读的史料中得知，世界炼铁始于两三千年以前。中国人炼铁起步虽然晚，但是后来居上，在工艺方面始终很先进，中国人不仅是"百炼工艺"的发明者，而且还创造了"炒钢""灌钢"等炼钢方法，可是近代人类还几乎一直生活在古老的铸铁时代。这是由于炼钢过程复杂、耗时太长，所以一直没有发展起来。科学家们虽然明知道钢的性能远远超过铁，可是却束手无策，望洋兴叹。

为了熟悉冶炼过程，贝塞麦穿上工作服到冶炼厂，同工人们一同劳动。只有在真正地接触到这一门技术的实践时才有可能发现问题的实质、解决问题，而不流于纸上谈兵。

不仅如此，贝塞麦这时没有忘记向冶炼工程的技术人员和科学家请教。他请他们讲解技术上的难点，悉心地听取他们的意见，弄清楚了当时英国冶金业的现状。

我们已经知道，铸铁（或称生铁）、熟铁和钢之间的区别主要是看它们中间的含碳量的多少。含碳量很

←工人在浇铸铁

钢铁时代的引路人　贝塞麦

→现代作业转炉

少的叫熟铁，含碳量大的叫生铁，含碳量在0.2%—1.5%之间的就是钢。18世纪末，人们就已认识到铁的韧度和硬度取决于含碳量的高低。要取得最佳的韧度和硬度，含碳量应在0.2%—1.5%之间。也就是说钢是最符合要求的，是优良的工业材料。

在贝塞麦生活的那个时代，人们仍然要通过复杂的程序，把适量的碳渗入到熟铁里面去，才能炼出优质钢。1850年英国铁的产量为250万吨，但钢的产量只有6万吨，相差很悬殊。

那么，以较低的成本去除铸铁中碳的方式在哪里呢？贝塞麦在进行了大量的准备活动以后，决定亲自进行试验以找到涉足未知世界的途径。

最初，在做实验时贝塞麦主要是想制造适用于炮身的钢，他用反射炉熔化生铁，并向其中掺入渗碳钢，以减少生铁的含碳量。贝塞麦毕竟是这一行业的生手，最初的试验一次次地失败。可是他没就此放弃，一个偶然的机会，命运之神终于向他露出了笑脸。在开动强力的送风装置进行实验中，他突然发现在炉的边缘上有不熔化的生铁，继续吹空气就燃烧了。30分钟后再一次窥视时，还剩有两片生铁。他用铁棍挑起一看吃了一惊，因为这是两片薄钢。这两片宝贝是因何而来呢？它们又暗示了什么？

这两片意外的收获使贝塞麦欣喜若狂，一个大胆

← 市民观看金属工人炼钢

钢铁时代的引路人　**贝塞麦**

↑1875年钢铁厂

的设想浮现在他的脑际：可不可以用吹入空气的方式来降低铸铁中的含碳量呢？因为铸铁之所以会这样脆，是因为它含碳量很高的缘故；既然我们使用氧化物，利用其中的氧来与铸铁中的碳化合，生成二氧化碳来降低铸铁的含碳量，那么向铸铁中加氧的最简单而又廉价的方式莫过于直接通入空气，利用空气中的氧气。这个方法成本最低而又简便易行。贝塞麦决定不增加燃料，而只是吹入空气来做一次实验。

这个想法看起来很荒谬，吹入冷空气难道不会把铁水吹冷，从而使铁水凝固，使冶炼停止吗？在当时，几乎没有人支持他的想法，贝塞麦处于孤立无援的境地。

但是，贝塞麦并不打算退缩，真理并不总是掌握在多数人的手里，成功也好，失败也好，贝塞麦都决定做一番尝试，无论过去的经验如何，也无论想当然的结果怎样。只有在事实面前，他才能心服口服。

贝塞麦没有听从人们的警告，坚持进行了实验。他设计和制造了一个罐形装置，系固定式的垂直容器，高约4英尺。把熔化的生铁倒入这个装置中，然后一面用燃料从外部加热，而不向熔化的铁水中加入燃料；一面从顶部送风，风压达到2.5个大气压。

贝塞麦紧张地注视着炉内的反应。他多么期望这一次试验能有一个满意的结果，可是那些帮助向炉中吹进冷空气的工匠们却不以为然，他们都以为这一次的试验注定是会失败的。等着瞧吧，马上就要见分晓了，他们边向炉中吹进冷空气，边说："现在炉中会凝固的。"贝塞麦追述当时实验的情况时说，这次实验使他不得不和"不信任的"以及"深感困惑的"人们打交道。

时间一分一秒地过去，每一分钟都如同一年那样的漫长，煎熬着贝塞麦的心。一会儿，从罐口有褐色的烟雾沸腾溢出，大约10分钟后，炉子突然喷出巨大的火焰，使在场的人都莫名其妙地向后退去，这种景象太吓人了，谁也没有想到会是这样的一种结果。大约12分钟后，这种火焰消失，随后几分钟放出浓密的褐色烟雾。接着炉子平静下来了。

钢铁时代的引路人　**贝塞麦**

贝塞麦惊奇地看着眼前所发生的一切，走上前去，等着看试验的结果。炉子打开了，熔化的液体流入"铸型"。不久，水压机就推出来3英寸断面的铸锭。看呀，果然是钢锭，仅仅用了30分钟，确确实实如他所期望的那样，是一块钢锭。贝塞麦激动万分，他欣赏着自己的杰作如同在关注着他心爱的孩子。

成功了，终于成功了。冷空气吹进炉中之后，炉温不仅没下降，反而上升了，原来铁水只有1 350摄氏度，结果上升到1 600摄氏度。

原来，许多物质在燃烧时都是放出热量的，空气吹进炉中后，首先将铁水中的锰和硅氧化，生成了氧化锰和氧化硅，呈褐色烟雾溢出。接着铁水中的碳也被氧化，生成了二氧化碳，出现了白亮的火焰，使炉

↑1896年的钢铁厂

科学家卷　055

温上升。

科学家总是循序渐进的，他们不会因满足于一时的成功，而停止前进的步伐。贝塞麦用辛勤的汗水和大胆的设想孕育出的"孩子"，更不会放任自流，他更关心着它的成长，他在计划着它的将来，他要使它更趋于完美。

贝塞麦发现从上面吹入空气很不方便，因而就在炉底开了6个风口，改为从炉底吹入空气。以后又将罐形结构改为上下膛，中间细的固定炉。贝塞麦的炼钢炉一天一天改进，已经越来越完善了。1856年，贝塞麦进行了公开试验。

人们开始对贝塞麦的炼钢方法有了一定的认识，当这种新生事物不再是海市蜃楼，而是实实在在地摆在面前的时候，人们不得不对它的独到之处表示叹服。

1856年8月13日，贝塞麦大出风头。这一天在伦敦西面约150公里的切尔特纳姆召开的大英科学振兴协会上，贝塞麦整理了过去的实验并做了一个精彩的报告，题目是《不用燃料制造熟铁和钢的方法》。他所说的燃料，并不是熔炼所需要的燃料，而是用于搅炼、掺碳制炼等方面的燃料。

会场上座无虚席，大家全神贯注地倾听着，都感到新鲜而又惊奇。这种方法一旦实施，那冶金工业的

钢铁时代的引路人 **贝塞麦**

前景该多么可观。

当时,英国是用从瑞典进口的棒状铁作原料来炼钢的。这种棒状铁的价格每吨为15—20英镑。贝塞麦则改用本国产的高炉铁水作原料,铁水成本仅为每吨3英镑。

↑1930年钢厂

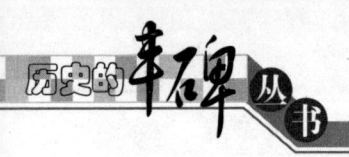

况且用棒状铁来炼钢极为麻烦，要先将棒状铁在炉里慢慢加热两个昼夜的时间，然后再将棒状铁深藏在炼钢炉里用石块组成的隔架中，再用碳粉一层一层地隔开，大约几天之后，棒铁呈现白热状态；再经过两天，等炼钢炉冷却，才能把已经变成钢的棒材抽出来。这样炼出来的钢被称作泡钢，即渗碳钢。炼钢过程到此还没有最后完成，还要把钢棒一小段一小段地割开，放进只能容纳40—50磅的坩埚内熔化，每熔化一吨钢又需2—3吨焦炭。

贝塞麦在谈到自己发明的价值时说："若使用我的方法，则只需20—30分钟就足够了……而且用坩埚炼钢只能生产40—50磅，若是改用我的方法则每次作业可以生产5吨钢。……以往的办法生产每吨钢需要花费50—60英镑的费用，但用我的方式则每吨只需要五六英镑就够用了。"

贝塞麦的报告一结束，会场上立刻热闹起来，大家无不为这种奇特的炼钢方法所鼓舞，著名的机械技师纳兹米斯（1808—1890），把一片钢夹在手指上举起来并喊道："这才是英国的真正的金块。"

由于贝塞麦的新炼钢法具有明显的优越性，所以立即在整个欧洲工业界引起了一场轰动。在不到两周期间，各地的炼钢业者，都取得了贝塞麦合法的专利

钢铁时代的引路人　贝塞麦

← 工人在滚动钢厂炼钢场面

实行权。有眼光的业主大量投资修建新式鼓风炼铁炉，期待炼出优质钢来。

那时的重要钢铁权威柏西博士后来说："我从来没有见过这样令人惊异，这样好的冶炼法。"

是的，这是一种多么简单的冶炼法，它的简单让人觉得似乎它不必有人来发明，原本它就在那里只是没有看到它罢了。就好像一个猜不透的谜语，只等到揭开谜底才让人恍然大悟。人类经历了两三千年的历史，绕了一个大圈子才发现通向成功的彼岸还有捷径。

科学原本也不是一件复杂的事，发明并不见得那样高不可攀，事实上，每一个人都有发明的潜质，只要你有心，只要你坚持，就一定会看到成功的笑脸。

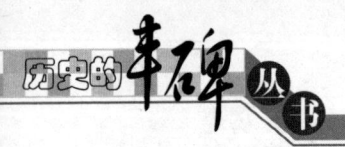

"最悲惨的结局"

> 我把失败接起来,焊上去,作登山用的尼龙绳子和金属梯子。
>
> ——徐迟

贝塞麦沉浸在成功的喜悦之中,他的心里充满了希望,虽然自己已经完成了许多项发明,可是没有哪一项可以与这一项相提并论。只要再在炉子上做一些改进,这种炼钢方法就更无可挑剔了。从此以后,就要把钢从它那高不可攀的位置上请下来,与它的兄弟们(铸铁和熟铁)平起平坐了。它的性能那么好,价

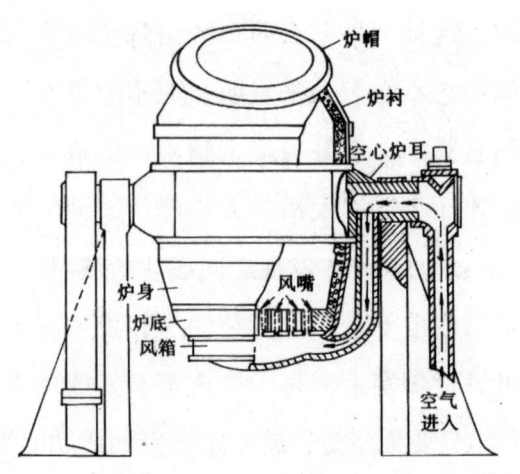

← 转炉线条示意图

钢铁时代的引路人　**贝塞麦**

← 设菲尔德自办炼钢厂

格却并不高,优点都集中在它的身上。贝塞麦梦想着它的"宝贝孩子"迅速地征服世界。

贝塞麦还处于幸福的状态中,可是外面的世界却早已变了模样,几乎是一瞬间,风向就转了,贝塞麦已经不是人们尊敬和称赞的对象,他成了众矢之的。各种各样的恶言恶语都涌上来了,人们骂他是个"骗子",是个"会吹牛皮的人""冶金界的流星"。

这到底是怎么回事?怎么会是这样的呢?人们都怎么了?就在几天以前他们不还把贝塞麦吹上了天吗?天啊!这个时代变得这样的混乱,大家都疯了吗?

贝塞麦简直不敢相信自己的耳朵。原来,贝塞麦

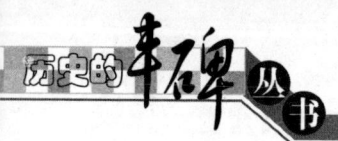

炼钢法一经付诸实施，就落得个"最悲惨的结局"。许多钢厂用此方法炼出的钢质量极差，与贝塞麦所"鼓吹"的完全不是一回事，钢铁厂商们大失所望，都愤愤地指责贝塞麦。有人联想起大炮事故，更加怨恨他。谁也不愿意靠近贝塞麦，把他当作一个胡言乱语的疯子和灾星。"这是一次最可怕的打击"。

贝塞麦把自己关起来，在孤独彷徨中反省。人生的境遇真是让人难以预料，经历了大喜大悲的人才会真正懂得生活的真谛。无论怎样的生活都会有波折，如果我们将生命的航船搁浅，那么如何能驶到成功的港湾？

贝塞麦总有一股不服输的劲，他很快从逆境中走出来，他不相信自己的想法是错的，他一定要找到问

← 转炉

钢铁时代的引路人　**贝塞麦**

贝塞麦在设菲尔德自办炼钢厂

科学家卷　063

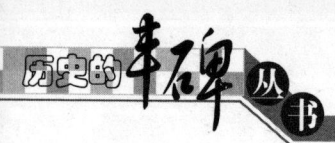

题的关键所在：为什么他自己的试验能够获得成功，而别人采用同样的方法却炼不出好钢来呢？是什么东西在作祟？

贝塞麦又开始重新实验，他把自己的实验与其他厂主的实验一步步做了分析、比较，并没有工艺上、程序上的差别，炼钢炉也是贝塞麦所使用的那一种。难道说自己实验的成功是一次偶然的巧合吗？贝塞麦多么不愿意得出这样的结论，他变得异常冷静。只有最后的一着棋了，成败就看这最后的一搏。

此时，贝塞麦已经掌握了钢铁成分的样品分析方法，他决定对自己与其他人所使用的铁矿石做一个化学分析，这是他的撒手锏了，他虽然满怀希望，可也忐忑不安。

结果出来了，问题正出在铁矿石上。其他的钢铁业主使用的是含磷很高的铁矿石，而贝塞麦第一次成功是偶然使用了含磷极少的铁矿石。谢天谢地，如果不是这种偶然，那贝塞麦很可能与这种伟大的发明失之交臂。

磷在钢中是一个有害的元素，是导致钢发脆的原因。世界上的铁矿石大部分均含有不等量的磷，在高炉冶炼时磷进入生铁中，当生铁用传统的方法炼成熟铁和钢时，因温度低磷被氧化后不再进入铁中，而是

钢铁时代的引路人　**贝塞麦**

→ 设菲尔德自办炼钢厂

随渣排出，因此没有出现发脆的问题。而用贝塞麦的方法炼钢时，由于迅猛的放热反应，使熔体的温度升高到1 600摄氏度。磷又成元素状态进入铁中，所以无法除去。贝塞麦所发明的新式炼钢方法暂时还只限于吹炼含磷极少的生铁。

贝塞麦将自己的再次实验的结果公布于众，指出了克服的办法：使用含磷量低的铁矿石，一定能炼出优质钢。

然而，从大炮炸膛到吹入空气炼不出好钢，一系列事件已使人们再也不敢相信贝塞麦了。在众人的眼里，贝塞麦是一个只会耍鬼把戏的投机家，听信他的话，只会招致失败。钢铁公司明确向他表示不想再受一次打击。

虽然已没有人支持他，可是贝塞麦却不能就此放弃。这是他含辛茹苦培养起来的"孩子"，哪怕它再丑，甚至于有缺陷，贝塞麦也要把它拉扯大。天下的父母哪有嫌弃自己的孩子的？于是，贝塞麦决定继续进行他的实验。

贝塞麦发现他的固定式炼钢炉在装料和倾倒钢水时非常不方便，便于第二年（1857）设计了一个转体，使炉体能够翻转，从而出现了今日转炉的原型。

至此，贝塞麦的转炉已克服重重困难初具规模，并且第一次在瑞典取得了成功。这一次真正的成功是通过G·H·格兰逊的努力而实现的。格兰逊成功的主要原因是他采用了由瑞典丹讷穆拉矿区的铁矿石炼成

← 贝塞麦在设菲尔德自办炼钢厂

的铁，这种铁矿石几乎不含磷和硫。1857年，格兰逊购买了贝塞麦在瑞典的部分专利，并从英国得到了一座贝塞麦转炉和一台蒸汽鼓风机，在英国工程师的帮助下，把它们安装在瑞典，格兰逊经过了起始阶段多次失败以后，于1857年7月获得成功，而且他还对贝塞麦转炉的完善化做出了重大的贡献。他找到了控制鼓风的正确方法，也就是在正好达到了各种品位的钢所需要的碳含量时停止鼓风。

当理论不能说服人们的时候，实践就是唯一的方法。贝塞麦转炉炼钢法在瑞典的成功给贝塞麦极大的启示，使他确信自己的理论和方法是完全正确的。贝塞麦打算用实际的成绩来反驳不利的评价。1860年，他借钱在英国的设菲尔德自办了一个炼钢厂，建成了一座新型的炼钢炉。他从瑞典专门进口不含磷的铁矿石，用他发明的能倒入30吨铁水的大转炉来冶炼。在他的工厂里，每15分钟的时间就能炼出一炉钢，很快就生产出比其他炼铁厂便宜而且质量好的钢。贝塞麦的钢以每吨100美元的价格出售。这比当时任何一个竞争者的价格都低，所拥有的竞争力是可想而知的。人们虽然拒绝再次接受他的炼钢法，但却不拒绝贝塞麦炼出的优质钢，并在使用过程中进一步认识到了它的优越性。

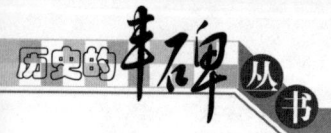

英格兰北部钢铁厂工人工作场景

钢铁时代的引路人　贝塞麦

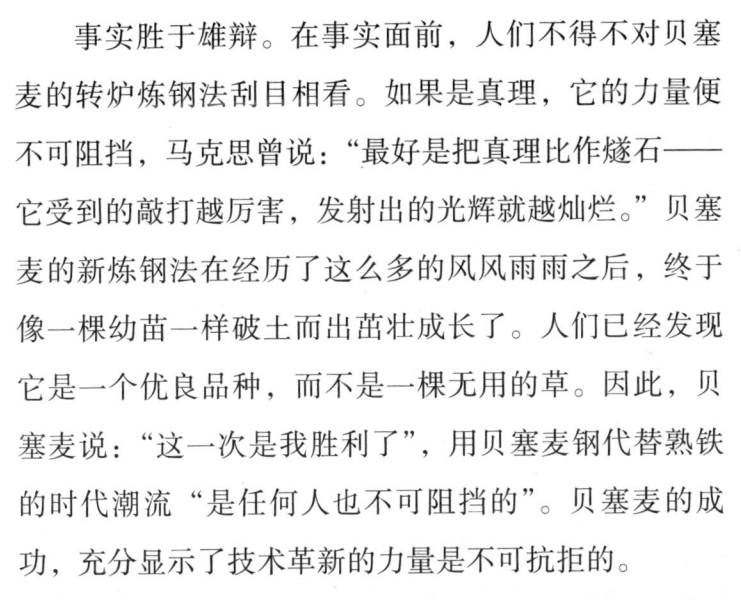

事实胜于雄辩。在事实面前，人们不得不对贝塞麦的转炉炼钢法刮目相看。如果是真理，它的力量便不可阻挡，马克思曾说："最好是把真理比作燧石——它受到的敲打越厉害，发射出的光辉就越灿烂。"贝塞麦的新炼钢法在经历了这么多的风风雨雨之后，终于像一棵幼苗一样破土而出茁壮成长了。人们已经发现它是一个优良品种，而不是一棵无用的草。因此，贝塞麦说："这一次是我胜利了"，用贝塞麦钢代替熟铁的时代潮流"是任何人也不可阻挡的"。贝塞麦的成功，充分显示了技术革新的力量是不可抗拒的。

欧洲当时著名冶金学家、奥地利的培塔·通诺非常赞赏贝塞麦炼钢法，并把瑞典采用这种方法的成功经验向全欧洲各国宣传介绍，贝塞麦的炼钢方法再也没有争论了。各地的钢铁公司纷纷采用，争相建造贝塞麦转炉。1860年，贝塞麦炼钢法在英国获得成功，法国在同年引进并加以推广。不久，这种新的炼钢法甚至惊动了德国的"大炮王"阿尔菲德·克虏伯。克虏伯的铸钢王国在当时是无可匹敌的，如果贝塞麦的发明在克虏伯工厂之外扩展开来，那么克虏伯的铸钢王国也许从此倒塌。克虏伯是绝不肯落后的，他也不能容忍看见自己的事业衰败下去。于是克虏伯立刻建议贝塞麦向德国政府申请专利，可是两人没有达成协议，因此克虏伯派一名工程师去学习贝塞麦法，同时让一个年轻技术员带着学费去大学学习。1862年，克虏伯在埃森炼钢厂采用了贝塞麦法。

贝塞麦炼钢法在全世界迅速推开，打开了钢铁冶炼的新时代。这种方法在不断推广的过程中也不断完善，且由此又引出了其他更好的炼钢方法。

钢铁家族的兄弟姐妹越来越多，它们以其庞大的数量、品种的繁多而称雄于金属材料世界。钢铁时代已初见端倪。

← 采用贝塞麦法炼钢的埃森炼钢厂

相关链接

贝塞麦法与平炉炼钢法

将铁炼成钢主要用两种方法：一种叫贝塞麦法，一种叫平炉炼钢法。

贝塞麦于1856年将以他的名字命名的炼钢法首次宣告于众。在贝塞麦法中，通过向铁水吹风，将铁中杂质烧掉。空气中的氧和部分铁结合产生"氧化铁"。氧化铁又将硅、锰氧化，生成的物质和氧化铁一起形成炉渣。氧化铁还和碳化合，产

→现代平炉

生一氧化碳和二氧化碳煤气。这就是为什么说这种方法叫氧化法的。硅、锰、碳都被氧化了。这些杂质变成炉渣或煤气时，就可使之与铁分离。倒出来的金属就是钢。

贝塞麦法用的炉子叫转炉。炉子的外壳由钢板制成。里面衬有一层耐火砖。转炉向一边倾斜，熔铁从顶部倒进去。然后再将转炉竖起。空气从转炉底部的风眼中吹进。这叫"吹炼"。空气压进铁水。氧化过程开始。氧化过程产生热。温度从开始的1 300摄氏度上升到后来的1 600摄氏度，不从外部加热。

贝塞麦当时还不知道怎样从铁里除磷。磷是钢中的一种杂质。1878年，石灰石和熔铁第一次一起倒进转炉顶部，耐火砖的炉衬也掺进了白云石。石灰石、白云石与磷化合变成炉渣。正如你在前面已经读到的，在钢水流进钢水桶之前，熔渣就已从转炉倒出。

在转炉里冶炼时，所有的碳都从铁中清除。但是钢里没有一点碳，就太脆了，不好用。而且在转炉中冶炼时，钢中已形成了一些氧化物和气体。这些东西必须除去。为了在钢中加进必要数

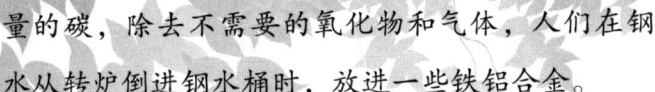

量的碳，除去不需要的氧化物和气体，人们在钢水从转炉倒进钢水桶时，放进一些铁铝合金。

在贝塞麦法炼钢中，大量的热能被浪费掉了。它被白白烧掉，在贝塞麦转炉顶部形成很高的火焰。贝塞麦转炉开始使用不久，名叫西门子的两兄弟发现了一种节约炼钢热能的方法。这种方法使热能在炼钢过程中可重新利用。这种方法叫平炉法。

铁和废钢装进平炉。用的燃料是煤气和热空气。它们从进气口进入平炉一侧。煤气和热空气在炉膛上部结合，猛烈燃烧，生成一种热煤气。热煤气从炉子另一侧的口子导出炉外，并导入另一对加热室，室内砌满了空心方格式的砖堆。热煤气加热砖块。当砖块温度升得很高时，煤气和空气流动方向倒转过来。煤气和热空气通过已被加热了的砖室导入平炉，热煤气则从平炉引出，去加热另一对格子砖室。

因此，当煤气和空气进入平炉时，它们的温度已经很高了。热煤气并未浪费，它被重新利用。用它加热砖室，然后将煤气和空气引入通过这些砖室。

第二次世界大战后，不少国家开始实验用纯氧代替空气炼钢。1948年奥地利首先取得了技术突破。此法是把生铁水与废钢混合，倒入转炉中，然后吹氧，将碳与杂质迅速烧掉。用这种方法炼出的钢，质量可与平炉炼出的钢相媲美，所需时间却只有平炉的十分之一。直至今天，转炉炼钢法仍是最重要的炼钢方法之一。

　　国际钢铁协会2006年1月18日公布了2005年全世界粗钢产量。2005年世界粗钢产量增长了5.9%，总量达到11.294亿吨。中国的粗钢产量达到3.494亿吨，增长率为24.6%。从贝塞麦转炉炼钢法的推出至今短短150年，世界炼钢能有如此惊人的产量，确实是一件令人感慨的事。

坩埚炼钢法用具

钢铁时代的引路人　贝塞麦

发明权之争

> 成功的花，人们只惊羡她现在的明艳，
> 然而她当初的芽儿，却洒遍了牺牲的血雨，
> 浸透了奋斗的泪泉。
> ——谢冰心

贝塞麦领导的钢铁工业革命在人类历史上具有重大的意义，它给人类生活带来了巨大的变化。钢铁成为最重要的结构材料之一，在各个领域大显身手。铁桥的架设、铁路的铺设使火车四通八达，驰骋于世界各地，大大促进了各国、各地区生产贸易、文化交流的发展。钢材、水泥、玻璃相配合，使建筑技术发生了一场革命。在军事工业上，由于钢铁的韧性和强度越来越好，制造的武器越来越精密，性能更优越。钢在人类生活中发挥着越来越重要的作用。20世纪以后，人们把钢产量作为一个国家经济军事实力的一个重要衡量指标。从某种程度上说，钢对一个国家经济的发展起着举足轻重的作用。

这时钢的身份是与从前大不一样了。贝塞麦之前，

科学家卷　075

← 贝塞麦转炉

钢是另一个世界里的没落贵族,虽然高贵,但孤独、寂寞。遥望着人间的热闹非凡,几次投胎却都遇到难产,眼巴巴地望着他的同宗兄弟——铁耀武扬威,而自己却只能隔岸叹息,默默地等待。终于有一天它被接生到这个世界上来。

钢铁时代的引路人　贝塞麦

饮水思源，人们每想到钢的历史禁不住会缅怀它的发明者的业绩，贝塞麦的名字随着转炉炼钢法的出现而被载入史册。然而，掀开钢的历史新篇章的不仅仅只有贝塞麦一人，还有一位美国的发明家也同样发明了转炉炼钢法，甚至于在时间上比贝塞麦还要早。他的发明与贝氏的发明有异曲同工之妙，然而他的命运却与贝塞麦大不相同。

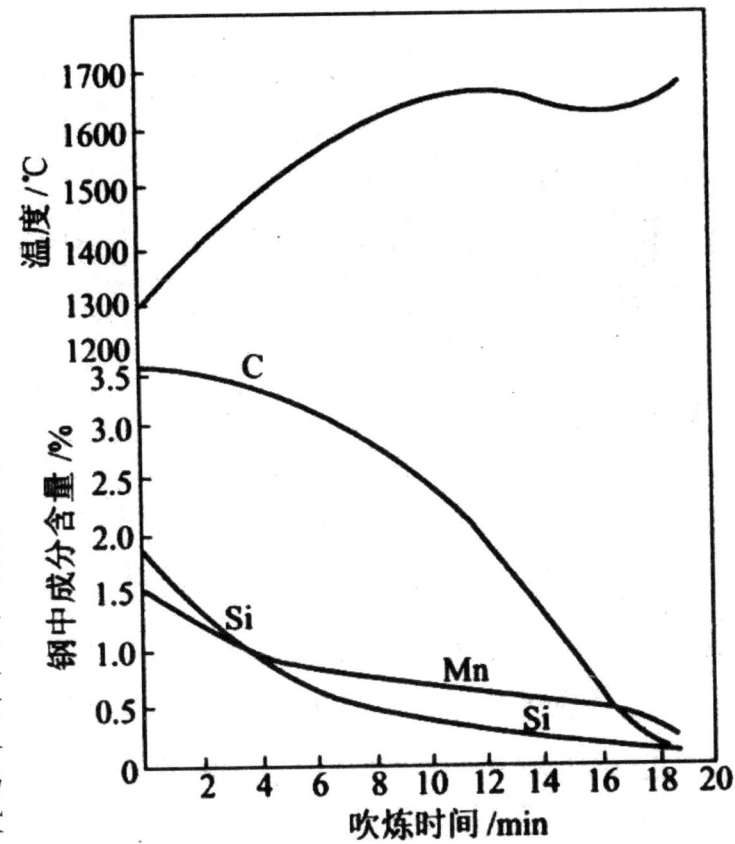

→ 贝塞麦法吹炼过程中金属成分

←威尔士钢厂

　　贝塞麦转炉炼钢法冲破了层层阻力，鸣着胜利的汽笛驶向成功的港湾时，遇到了一个小小的波折，虽然这并不构成对贝塞麦的一个打击，却是贝塞麦发明之旅上的一个小插曲。

　　1856年，贝塞麦陆续将自己的发明分别在欧洲的一些国家和美国申请专利，并得到了批准。没有想到的是，他在美国的专利申请不久便遇到了麻烦。半路杀出了一个程咬金来。一位叫威廉·凯利的美国人向专利局提出申诉，提出自己比贝塞麦更早发明了这种

钢铁时代的引路人　**贝塞麦**

→ 现代转炉运作

"无燃料炼钢法",他才应该是这种发明的首创人。这个专利应该给他而不是给英国人贝塞麦。

威廉·凯利(William Kelly,1811—1888)生于美国宾夕法尼亚州的匹兹堡。他是一位糖锅制造者。1847年凯利在肯塔基的爱丁博罗开办了一家铁工厂。他对当时广泛使用的搅炼铁感到很不满意,总想找到一种更好的方法,炼出优质的铁来代替搅炼铁。于是便在工作的过程中进行了一些试验,探索新的道路。

有一天,他偶然发现了一个很有趣的现象。那一次凯利没有用木炭覆盖在炼铁炉中的铁水上面,当往炉子里一吹进空气后,却发现反而会得到较高的温度。凯利没有放过这一事实,他认真地研究起来,如果单纯吹入空气便可以得到高温,那么就没有必要加入木

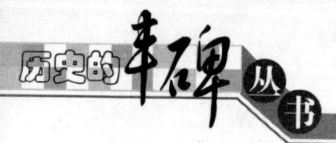

炭作为燃料。

又经过了几次试验，凯利发现高温的产生是由于铁水中的碳燃烧放出热量引起的。那么，这个方法不仅不需要加入燃料，而且还可以去除铸铁中所含的碳素。这样，就可以把硬而脆的铸铁用极简单的方法炼成大量的钢，凯利称这种方法为"空气沸腾法"。

凯利为发明这种方法而洋洋得意，他到处游说，宣传这种新的"无燃料炼钢法"的优点，然而，没有一个炼铁业者相信他的炼钢方法。凯利的失望可想而知，他磨破了嘴皮，苦口婆心地去向人们介绍一种更好的炼钢方法，却得不到别人的理解和信任。

人们对新事物的接受总是很难的，哪怕这种新事物具有更优良的品质，能够给人们带来更大的益处。

←现代炼钢车间

钢铁时代的引路人　**贝塞麦**

← 现代钢厂

人们在原有的轨道上运行已经习惯了，一旦要打破原有的秩序，消除过去的生活所留下的成见并不容易。当贝塞麦刚刚发明了他的无燃料炼钢法时，人们的反应也是一样的默然和拒绝，他不也经历了与凯利同样的命运？如果贝塞麦就此动摇甚至于怀疑自己的发明的有效性，那么就不会有贝塞麦后来的成功。凯利也同样没有放弃。

可是，凯利还是感到很难过，他一个人离开了故乡，到一个偏僻的森林里继续搞他的实验。他决心要拿出更好的成绩来证实自己的正确。1851年，他建造了7座采用这种新方法炼钢的转炉。在其后的5年时间里，他一直秘密地进行生产，而且对全部实验的情况保密，直到1857年，贝塞麦独立地循着同一条道路发

科学家卷　081

明了"转炉炼钢法"并因此而名声大噪，凯利才去申请专利。

然而，他知道英国人亨利·贝塞麦也采用了和他完全相同的方法，并且业已取得了专利。凯利虽然为有一个知音而感到高兴，但是毕竟自己先发明了这种方法。于是，他向专利局提出申诉，说自己的发明要早于贝塞麦。1857年6月22日，美国专利机关做出更正，承认了凯利的专利，正式认定凯利是最早的发明人，并撤销了贝塞麦在美国的专利权。实际上，应当是两个人独立发明了这种炼钢法。

在发明史上，这样的事件屡见不鲜，电话的发明是最典型的例子，贝尔和格雷在同一天申请专利，不

←威瑟的钢铁厂，镀锌工艺制品

钢铁时代的引路人　**贝塞麦**

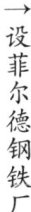
←设菲尔德钢铁厂

过格雷比贝尔晚了两个小时，因此贝尔的专利得以成立。

人类的思想过程或者可以说是很不相同的，但思想的结果却有可能交汇。凯利与贝塞麦为着不同的目的、循着不同的路线，各自独立地发明了这种新的炼钢法。凯利的目的是想炼出高于过去的搅炼法的优质铁，而贝塞麦的目的是采用较高的温度炼出完全成为液体的铁。

在他们的发明过程中，都有一个偶然现象促成了他们的灵感，他们没有放弃这转瞬即逝的机会，而是抓住它大胆地设想。即使这个想法在世人的眼里看起来多么荒谬而不屑一顾，但他们没有因此而灰心丧气，仍然坚定地走下去。

凯利和贝塞麦都完成了他们的实验，取得了发明

科学家卷　083

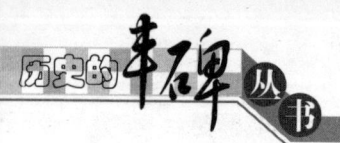

的成功，他们二人都是转炉炼钢法的发明人，但后世的人们一提到这种新的炼钢方法时便会将它与贝塞麦连在一起。凯利在拿到专利权后不久，即告破产。由于他对这种新型炼钢方法的技术完善化和产业化无所作为，因而便逐渐被人们遗忘了。

从贝塞麦和凯利的经历和结局可以看出，导致成功和失败的因素虽然很复杂，但具体的人所以成功和失败，总会是有它的道理的，特别是在存在某种较量的时候。

←生铁工程

钢铁时代的引路人　贝塞麦

 一石激起千重浪

> 希望是本无所谓有，无所谓无的。这正如地上的路；其实地上本没有路，走的人多了，也便成了路。
>
> ——鲁迅

贝塞麦的转炉炼钢法虽然具有明显的优越性，然而它并不是至善至美的，还存在着许多的问题有待于解决。

其中一个明显的质量问题就是铸锭内有许多气孔，不过，这个问题很快就由罗伯特·穆西特解决了。

罗伯特·穆西特（Robert Mushet，1811—1891）是一位住在迪安森林中的铁器制造商的儿子。在贝塞麦公布他的发明的那一年，穆西特找到了针对气孔的补救办法。

穆西特首先研究了气孔生成的原因。认为气孔是由于铁水中的氧化铁成分和碳反应产生一氧化碳气体，而这种气体在随着铁水冷却的过程中未来得及溢出而留于钢中，铁水凝固后便在铸锭上形成气孔。因而，穆西特尝试着向铁水中加入镜铁。镜铁是一种锰铁合金，具有脱气作用，可除去贝塞麦炼钢工艺中引入的过多氧气，且镜铁是渗碳剂，可调节钢中的含碳量。贝塞麦起初并不同意穆西特的改进方法，两个人之间存在着争议，但后来贝塞麦确认了穆西特的贡献，认为他的发明是对自己成果的一个最有用和最有价值的补充。不过，因为镜铁中含有大量的碳，所以加入镜

←贝塞麦转炉

钢铁时代的引路人　**贝塞麦**

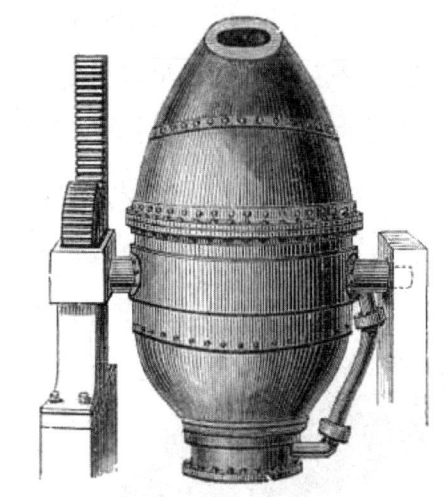
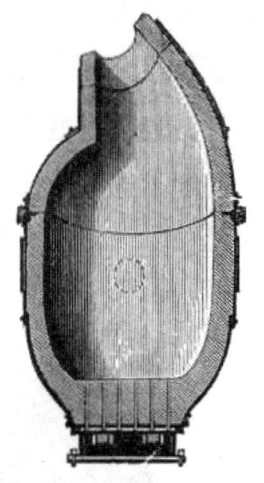

→ 转炉结构图片

铁之后生产出来的产品含碳量很高。

贝塞麦转炉还有另一个重大的问题便是"磷"的问题。磷在钢中是一种有害物质，超过一定的量便会使钢的性质变脆。然而贝塞麦的炼钢法偏偏是对这一个问题束手无策。

贝塞麦的转炉炼钢法是酸性底吹转炉法，即转炉内部耐火材料是硅酸物质构造，所以叫酸性法。这种方法对于使用含磷低的矿石作原料来炼钢，确实是很成功的，但是却不能解决脱磷问题。因而使它的使用范围受到了一定限制。而欧洲的铁矿90%是含磷较高的铁矿，只有瑞典和奥地利的原料适用。那么，寻找一种炼钢中脱磷的方法就是一个亟待解决的问题了。

贝塞麦当然对这一个问题十分关注。他第一次炼

科学家卷　087

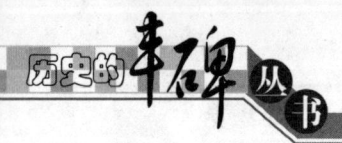

钢实验的失败便是跌在了"磷"的手里。若不是后来有意地避开这个大敌，那贝塞麦的炼钢法早已成了垃圾被抛掉了，绝不会有今天的成功和广泛的推广。磷的问题始终是贝塞麦的一块心病，在其后的岁月中贝塞麦始终孜孜以求地想要攻克这道难关，但收效却甚微。"磷"像个顽皮的孩子在与贝塞麦捉着迷藏，它跳

← 贝塞麦

钢铁时代的引路人　**贝塞麦**

来跳去的总是捉不到。

路是已经踩出来了，贝塞麦披荆斩棘，跟跟跄跄地开出了一条小路，虽然时代的列车仍不能沿着这条小路奔驶而去，但它毕竟指明了方向，更多的人沿着这个方向不断地拓宽、加固着这条路。

在贝塞麦之后，有很多人对酸性的炼钢方法加以改进，并取得了良好的效果。磷的问题是20多年后由一位叫托马斯的英国年轻人和他的表兄弟佩西·吉尔克里斯特共同解决的，他们为转炉炼钢法的全面推广做出了决定性的贡献。

托马斯是一个英国下级法院的小书记官，父亲早亡，家境贫困。虽然从未上过大学，但他进取心强，而且对科学很有兴趣，经常去夜校听课。

有一天，在夜校的化学课上，老师讲到了贝塞麦的酸性转炉，并指出这种方法在当时尚不能解决含磷铁矿的问题，鼓励同学们攀登这一高峰。托马斯回到家后，这个问题始终在他的头脑中盘旋着，老师的话又响在耳边，他下决心要发明一种能解决这一难题的方法。从此以后，他便开始孜孜不倦地钻研化学、冶金学教科书，同时着手进行实验。

托马斯仔细地研究钢水的熔化过程和前人所做的一切工作，他发现了贝塞麦炼钢法之所以不能除磷的

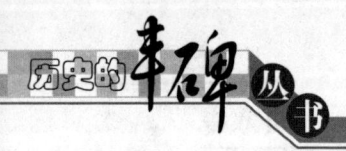

原因：当铁水处于1 300摄氏度的情况下，氧气确实可以与磷发生氧化反应，生成五氧化二磷，但随着温度升高，达到1 600摄氏度时，五氧化二磷又发生分解，这样磷又回到钢水里去，所以炼出来的钢因含磷高而变脆了。托马斯希望能找到一种来源广、成本低、能够使铁水脱磷的材料。

针对这一问题，托马斯进行了实验，他发现如果在转炉中衬以吸附磷的碱性材料，就能够解决含磷铁矿的冶炼问题。他想出了一个办法，这就是在炉料中加入石灰，使铁水中的磷与碳酸钙发生反应，生成可以沉淀的碳酸磷。托马斯的表兄佩西·吉尔克里斯特是威利希钢厂的化学家，他协助托马斯，为托马斯做了必要的实验。

托马斯发现加入碱性的石灰之后，引发了另外一个问题，转炉的内壁都是用一种酸性的耐火砖砌筑的，叫酸性炉衬。那么碱性的石灰就要与酸性炉衬发生酸碱中和作用，产生对酸性炉衬的腐蚀，使转炉的炉衬寿命大大缩短。没等炼几炉钢，炉衬就破损了。这又该怎么办呢？经过探索，他将酸性炉衬改成了一种碱性炉衬。他将白云石烧制成熟料，再混合焦油，制成碱性耐火材料砌在炉内。冶炼时加入石灰之后，就不再对炉衬发生腐蚀作用了。托马斯用这种方法圆满地解决了炼钢中的除磷问题，当加入高磷铁矿石吹入空气时，同时添加石灰，使炉渣成为高碱性，被氧化的磷与石灰结合在一起留在矿渣中，因而实现了脱磷。这就是托马斯炼钢法原理。

托马斯与佩西合作，进行小型转炉实验，脱磷获得了成功。1877年，托马斯在英国钢铁协会上提出"托马斯法"，但并未引起人们的重视。直到1879年，美国一家钢厂采用托马斯法获得成功后，托马斯的业绩才逐渐得到公认。相应于把贝塞麦的炼钢法叫作酸性转炉炼钢法，人们把托马斯发明的炼钢法叫作碱性转炉炼钢法。由于有了这两种互为补充的炼钢方法，使得几乎任何一种铁矿石都能用于炼钢了。至此，转炉炼钢技术基本完善了。

托马斯不是科学家，也并非工程师，但他重视科学技术的研究，终于做出了重要贡献。

随着贝塞麦炼钢法的广泛推广，又产生了另一个问题。由于贝塞麦法使钢产量大增，产生了大量废钢，于是出现了如何利用废钢的问题。贝塞麦法是无法解决这一问题的，因为转炉炼钢只能利用铁水作原料。

这一问题的解决是通过西门子—马丁的平炉炼钢法完成的。

西门子是英国的物理学家、发明家，生于德国的

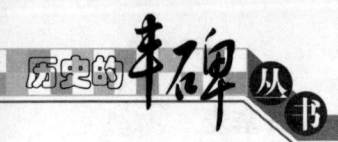

莱斯城，1844年定居英国，他在电机和仪表方面有多种发明。

1856年，当贝塞麦发表转炉炼钢法时，西门子的弟弟从德国跑到英国提出了一个全新的设想：先用废气把蓄热室的耐火材料加热，再把热传给空气和燃料。兄弟俩合作进行试验，但没有获得成功。弟弟失去信心而改变了方向，而西门子却不灰心，继续研究，改变了炉体结构，技术上有了突破。

←西门子画像

钢铁时代的引路人　贝塞麦

　　1861年,西门子发明煤气反射炉,煤气反射炉的气流和温度可以准确地加以控制,熔矿炉的结构经得起多少热就可以产生多少热。西门子自认为它不仅适用于钢的熔解,而且也适用于钢的制炼。但初期他的试验都失败了。1865年,经法国炼铁专家马丁对炉体结构进行改造,试验终于获得成功。同年,西门子在伯明翰创办了模范钢厂,将他的平炉炼钢法公开。

　　平炉炼钢法立即在各地推广。1866年,西门子在伯明翰建立平炉炼钢厂,最初一次只能炼1.5吨,后来超过了100吨。平炉炼钢法与贝塞麦的转炉很不相同,它的冶炼时间相对来说长一些,炼一炉平炉钢一般需要24小时,但是由于一炉可以炼出上百吨钢水,所以产量仍然很高。而且平炉炼钢法有一个很大的优点,它可以大量利用废钢铁作为原料,又可以用劣质煤。因而平炉炼钢法很快就与转炉炼钢法并驾齐驱,在各国推广应用。

　　1868年,美国引进了这项技术,1870年俄国也引进了这项技术,到1900年,平炉炼钢法已经压倒了贝塞麦转炉法,占据炼钢技术的首位。这种优越地位一直延续到第二次世界大战。后来氧气工业大发展,促进了氧气顶吹炉炼钢法。这时,转炉又反过来压倒了平炉,取代了牢固统治近百年的平炉法,重新登上炼钢法的宝座。

转炉炼钢法的完善,平炉炼钢法的问世,使人类稳步地进入了钢铁时代。

1870—1900年的30年中,钢铁产量有了惊人的增长。1870年,全世界钢产量为51万吨,到1900年则跃升到2783万吨,猛增了50倍。大量生产钢又促进了炼铁生产,冶炼生铁的高炉日益大型化,有了钢铁又促进了各种轧钢技术的发展,轧钢机可以轧制出人们所需要的各种各样的钢材。这真是一石激起千重浪,钢铁的洪流不可阻挡地奔涌而来,而这洪流的源头却正是贝塞麦转炉炼钢法的问世。贝塞麦开创了钢铁时代的新纪元。

← 贝塞麦的天文台

钢铁时代的引路人　贝塞麦

相关链接

西门子

德国工程学家、企业家、电动机、发电机、有轨电车和指南针式电报机的发明人，改进过海底电缆，提出平炉炼钢法，革新了炼钢工艺，西门子公司创始人。

西门子1816年生于汉诺威附近一个贫困的农民家庭，在家中14个孩子中排行第四。西门子从小就对数学等课程极感兴趣，在念完中学后参军，原因是部队能学习同样的课程，但不用交学费。从此不但和部队结缘，和军工也再也没有分开过，在服役期间西门子对电报技术产生了很大兴趣，并发明了在19世纪间流行一时的指南针式电报机。后来西门子因为作为决斗的裁判而被人告发，被判5年徒刑，但很快获得了德国皇帝的赦免令。在监狱中西门子建设了一个小型的电子实验室，进行了一些电学方面的研究。

1843年，他发明了电镀镍技术，对后世印刷技术的发展起了非常重要的作用。几年后又发明

西门子塑像

了电火花测量弹道的技术。

1847年,西门子和机械工程师约翰·乔治·哈尔斯克依靠自己堂兄投资的6 842塔勒银币(1

钢铁时代的引路人　**贝塞麦**

塔勒相当于3马克）建立了西门子－哈尔斯克电报机制造公司，主要生产西门子发明的指南针式电报机，这个公司也就是后来西门子公司的前身。1848年西门子公司赢得了法兰克福至柏林的电报线路合同，从此开始了大发展。

作为工程学家，西门子对技术的喜爱直接影响到了西门子公司的发展。创建时西门子除了依靠电报业务外就以发展和推广新技术支撑主要业务发展。除了管理公司外，西门子更多地把时间放在了工程研究上。

1866年，西门子提出了发电机的工作原理，并由西门子公司的一

西门子发明的电动机

科学家卷　097

西门子发明的电动机

名工程师完成了人类第一台发电机。同年,西门子还发明了第一台直流电动机。西门子研发的这些技术往往马上被产品化投入市场,或者将其应用到新的产品中。例如有轨电车(1881)、无轨电车(1882)、电梯(1880)、电气火车(1879)等都是西门子公司利用其创始人的发明最先投入市场的。讽刺的是,直到20世纪末才开始有所发展的电动汽车也是西门子公司在1898年最先发明的。

1890年西门子退休。此前德皇弗里德里希三世授予其贵族称号。西门子的名字也被用来命名电导率的单位。

钢铁时代的引路人 **贝塞麦**

夕阳无限好

> 人生最美好的,就是在你停止生存时,
> 还能以你所创造的一切为人们服务。
> ——奥斯特洛夫斯基

贝塞麦已经80岁了。虽然他的精力依然还很旺盛,创造力也并没有枯竭,但是毕竟人生的旅程快要到终点了。他常常一个人坐在公园的长椅上,望着黄昏中的夕阳一点一点地把周围的森林、房屋、小河都染成红色,自己也融在那温暖的暮色里,仿佛又回到了从前。

人若是能够永远年轻该多好啊!时间这个顽皮的孩子竟是那么一往无前地走着,人们只有凭着回忆才能走回到过去。

如果时间倒流,能够再从头到尾地活一遍,那么自己会选择怎样的人生?还会与钢铁为伍,与发明做伴吗?或者要做一番大的改动,当一个政治家或演员什么的?

贝塞麦这样想着的时候,不禁微笑了,也许还是做一个发明家比较适合自己的吧！虽然贝塞麦从小在学校里接受正规教育的时间并不长，可是这并不妨碍他做出许多发明创造。原本发明也不是什么神秘的事，创造力人人都有，只是有的人重视这种功能，经常锻炼和发挥它，而有的人则忽视了这方面的才能的锻炼，创造力被荒废，从而凋零而消失于无形之中罢了。

贝塞麦发明自动盖邮戳的机器的时候还不到20岁，那一项发明贝塞麦并没有申请专利，可是他发明的机器却受到了重视，在全国邮政部门广泛推广，尽管贝塞麦并没有得到报酬，不过到后来，在1879年，英国国王还是因这项发明而封授贝塞麦骑士爵位。

发明家的生活给贝塞麦

←贝塞麦墓

钢铁时代的引路人 贝塞麦

带来了无穷的欢乐,使他时常能够看到因自己的革新而改变了世界的模样。今天的太阳与昨天的不一样,而这种变化正是出自自己的头脑与双手,仿佛自己便是世界的主宰。

人类的高贵正在于人类的智慧吧,地球上众多的生物,唯有人类具有思想、具有创见,所以也只有人类在这个地球上生生不息,不断地壮大、发展。历史的长河,汇集着千百年来人类的点滴智慧形成了滚滚的巨流,在它的前面等待着更多的发明创造,把人类的社会生活不断地推向前进。人类一天也不能停止前进的步伐。

贝塞麦所生活的那个时代,世界正发生着风起云涌般的变化,机械、交通、航空都以加速度在前进着,贝塞麦也踏着时代的节拍奏出了一篇伟大的乐章。

发明转炉炼钢是贝塞麦一生中最得意的作品,是他一生中最伟大的功绩。

那一段日子也是贝塞麦最最难忘的,一生的机遇似乎都可以浓缩成那短短的十几年。人生的苦辣酸甜一股脑都倒给了他:奋斗的艰辛、别人的不理解、失败的沮丧、成功的喜悦、他甚至于来不及细细地品味,那一段日子给了他最丰富多彩的回忆。

那是一段成功的日子,贝塞麦还清楚地记得在

科学家卷 101

←工人监督钢铁金属片生产

1862年伦敦国际博览会上的情景。那时贝塞麦的新炼钢法经历了第一次的失败,人们对贝塞麦将信将疑。为了证明转炉炼钢的可靠性,在那次博览会上,他展出了用他的转炉钢制造出来的大量产品,从刮脸刀、

钢铁时代的引路人　贝塞麦

弓弦、钓鱼钩，一直到车轴、车轮、大炮。

这以后，随着一些有识之士的大力宣传，转炉钢获得了节节胜利，各国纷纷引进。贝塞麦的新炼钢法，首先被英国的一些钢铁公司采用，后来又传到法国、德国，1863年，奥地利在多乌尔拉哈建造了贝塞麦转炉。在美国，转炉炼钢技术也被大量引进，到贝塞麦逝世的时候，仅在美国的阿巴拉乌州和怀俄明州，不仅采用贝塞麦法炼钢，而且冠以他的名字的炼钢厂就有13处之多。贝塞麦钢迅速占领了市场，1870年，英国钢的产量是24万吨，其中22.5万吨都是贝塞麦的转炉炼的。

贝塞麦的科学成就有目共睹，而他为钢铁事业所做出的贡献更是为世人瞩目。1871—1873年间，贝塞麦当选为英国钢铁学会的主席，并于1879年，被选为英国皇家学会会员。

贝塞麦在发明转炉炼钢法之后，一刻也没有止步，继续热衷于技术发明的活动。他一生共取得120余种专利特许权，其中绝大部分是在他完成转炉炼钢的发明之后搞出来的。

历史有的时候很不公平，它只会记载成功者的名字，而那些奋斗者、探索者所做出的贡献都淹没在成功者的光辉之下。

科学家卷　103

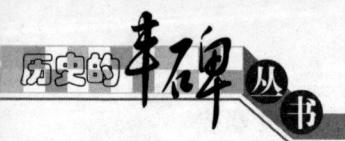

贝塞麦不仅享受着因发明而带给他的愉快,而且发明也带给了物质上的满足。贝塞麦不仅仅是一个发明家,而且也是一个有眼光的企业家。

当1856年贝塞麦刚刚宣布他的发明时,起初他的想法被人们热情地接受,数周内他得到了2.7万英镑的牌照费。他的钢铁公司在14年间(1858—1872)不包括技术转让的巨大利润(出售许可证),平均利润达每两个月5%。这在工业史上是史无前例的。

当他退出钢铁界后已经拥有百万英镑的财产。自此以后,他便把全部时间倾注在他感兴趣的领域——天文学和太阳炉的实验。

1898年,伦敦。贝塞麦作为一个富有的名人、杰出的发明家离开了这个世界。冶金学是要研究从矿石中提取金属或金属化合物,然后还要通过各种加工方法将其制成具有一定性能的金属材料的学问。

在自然界中天然金属的存在真是少得可怜,它们大多鱼目混珠地藏在矿石之中不易被人发现。当然也不能轻而易举地拿来使用了。因而人类文明发展的历史是首先进入石器时代,在寻找石器过程中认识了矿石,并在烧陶生产中创造了冶金技术。而且人们逐渐发现金属材料绝对是一种好东西,它的长处不知道要比石器、陶器多多少。于是,人们毫不犹豫地抛弃了

钢铁时代的引路人　**贝塞麦**

石器这种笨拙的工具，奏响了冶金历史的新篇章。

翻开冶金技术的历史，我们发现首先走上冶金历史舞台的是铜器。虽然说钢铁材料如今占领了人类生活的大部分领域，几乎到处都有钢铁的影子。但是人类进入钢铁时代要比铜器时代晚得多，冶金源于炼铜而不是炼铁。这一方面是由于自然铜的存在比自然铁（陨铁）为多，而且铜矿石色彩艳丽，花枝招展的，容易被发展。另一方面，炼铜比炼铁的熔点低，技术难度也小，不是很难掌握的，自然炼铜也就要捷足先登了。

从5000年以前那么早的时候开始人类就进入了大量使用青铜的时代即"青铜时代"。青铜主要指铜锡合

科学家卷　105

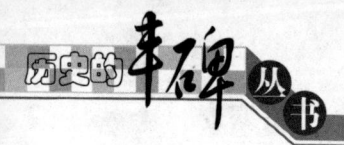

金，古代青铜往往还含有铅或其他金属。铜中加入锡可以改善性能。青铜的熔点比铜低，铸造性能好，逐渐成为古代铜器的主要品种。

西亚民族是最早掌握古代的采矿和青铜的冶炼、铸造技术的。冶炼主要使用坩埚，失蜡法铸造比较发达。我们中华民族进入青铜时代比较晚，但是发展很快，后来居上，商周以后在采矿和冶铜技术上都达到了世界先进水平。还发展了铜、锡、金、铅等金属的冶炼及其加工技术，使青铜文物更加丰富多彩。

据研究资料证明，世界上早期的几个冶铜中心分布在底格里斯河、幼发拉底河、尼罗河、印度河、黄河流域。

人类从使用石器、陶器进入到使用铜器，是文明的一次飞跃。其后从青铜时代跨入到铁器时代是文明的又一重大进步。

大约在3300年前西亚两河流域的赫梯民族开创了铁器时代的文明。中国也在2600年前开始炼铁。但一开始便打破陈规，有所突破。

由于铁容易与其他元素化合，虽然在自然界中分布极广，但天然的铁在地球上几乎找不到。大多是以氧化物如Fe_3O_4，$FeCO_3$等的形式存在。因而炼铁就主要是通过将铁矿石和炭放在一起进行加热还原而成。

钢铁时代的引路人　贝塞麦

在炼铁工艺上其他地区长期停留在固体还原的块炼技术水平。这种方法冶炼温度低，铁矿石在固态下被还原成铁，得到的块炼铁质地柔软，适于锻造成型。但是块炼铁生产时间长，燃料耗量大，效率不高。

中国在炼铁工艺上取得过辉煌的成就。首先是铸铁的发明，它以液体还原铁矿石的方法取代了固体还原的炼铁方法。大大提高了铁的产量和质量，使古代中国农业、手工业和战争中普遍使用铁器成为可能。

不仅如此，中国古代还发明了生铁炼钢技术。汉代出现的炒钢便是近代欧洲搅炼钢的雏形。向熔化的生铁鼓风，同时进行搅拌促使生铁中的碳氧化，再经过渗碳锻打成钢。因为这种方法中需要不断搅拌，如同炒菜一般故称为"炒钢"。

中国还发明了著名的"百炼工艺"，留下了"百炼成钢"的成语。百炼钢是用炒钢作为原料，加热后反复折叠锻打，或用数种成分不同的原料反复叠锻得到的。钢件组织致密，成分均匀，夹杂物细化。是制造刀剑的好材料。据传孙权有一把宝刀名为"百炼"，《晋书》上称之为"大夏龙雀"的"百炼钢刀"，说它是"名冠神都""威服九区"的利器。

中国从战国时代起，冶铁技术在世界上长期处于领先地位，直到明代中叶以前中国的冶金技术一直居

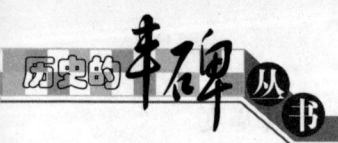

于世界先进水平。但是由于中国封建社会冶金生产技术长期停滞不前使近代冶金技术的全面发达发生于欧洲,而不是中国。

　　始于14世纪的文艺复兴在人类文明史上留下了光辉灿烂的一页。这次运动虽然并没有对冶金工业的发展起到直接的促进作用,但是人们摆脱了中世纪的思想枷锁,重视实践,探求真理,不仅创造了资产阶级的古典文学和艺术,而且极大地促进了科学和技术的发展,对社会进步有着深远的影响。文艺复兴时期可以看作欧洲冶金业开始飞跃的准备阶段。而始于18世纪的产业革命可以看作是冶金工业进入新时代的起点。

← 钢丝卷轴

钢铁时代的引路人　贝塞麦

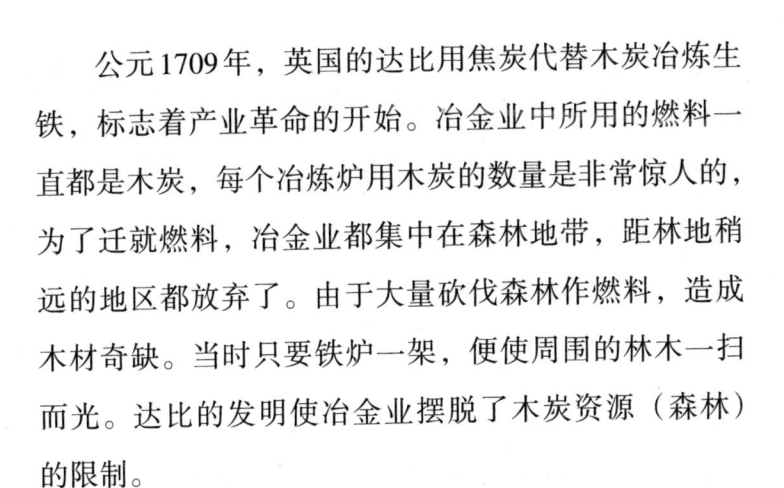

公元1709年，英国的达比用焦炭代替木炭冶炼生铁，标志着产业革命的开始。冶金业中所用的燃料一直都是木炭，每个冶炼炉用木炭的数量是非常惊人的，为了迁就燃料，冶金业都集中在森林地带，距林地稍远的地区都放弃了。由于大量砍伐森林作燃料，造成木材奇缺。当时只要铁炉一架，便使周围的林木一扫而光。达比的发明使冶金业摆脱了木炭资源（森林）的限制。

其后瓦特对当时已经出现的原始蒸汽机做了重大改进，使蒸汽机作为一种动力系统广泛使用成为可能。冶金业中使用蒸汽机代替水力鼓风，使冶炼炉大大增高，产量大幅度上升。以英国为例，从1720年到1806年，80多年的时间里，生铁产量增加了11倍以上，价格却大大下降。而此时，冶铁技术也有了新发展，1783年亨利·考特和派特·欧尼昂兹彼此独立地发明了反射炉，把燃烧室和熔化室分开，炼铁的质量得到了保证。在反射炉的冶炼过程中，利用火焰中的氧脱碳，随着含碳量的减少，铁的熔点升高，铁水流动性变差，必须不断搅动，所以这种冶炼方法又叫"搅炼法"。考特还在这一基础上发展了一套冶铁工艺。

随着冶铁技术的发展，炼钢技术也有了一些进步。1740年英国的亨茨曼发明了用坩埚炼钢的方法，称为

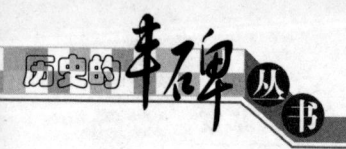

"铸钢"。19世纪中叶以后，欧洲钢的生产开始了大发展，1856年是大发展的起点，这一年贝塞麦发明了转炉吹炼法，大大缩短了炼钢时间，紧接着西门子又发明了平炉炼钢法，不仅能生产优质钢，而且可大量利用废钢。使炼钢技术又发生了重大突破，钢的质量提高，产量增加。这两种方法为现代化炼钢打下了基础，使人类进入钢的时代。不久，炼铁、炼钢和轧钢联成一体，开始形成钢铁联合企业。19世纪70年代开始，又陆续试制成功了钨钢、锰钢、镍钢等等，这些新钢种的发展预示着"合金钢"时代的到来。

人类自从进入铁器时代以来，铁和钢就是金属材料中的主角。19世纪中叶以前，铁是主要的金属材料，从19世纪下半叶起，钢迅速取代铁成为工业发展的重要支柱，开创了材料工业的钢铁时代。钢铁冶金始终是人类冶金舞台上的主旋律。

进入20世纪以后，冶炼之树上开出的花朵更加缤纷、明艳。20世纪初发明了渗碳法，不久又发展了利用渗碳技术渗氮。20年代末至30年代初又把镍、铬等加到普通的碳钢中，制成了一系列坚韧的镍钢和铬钢。一种重要的合金钢——锰钢的炼制技术也有了新的进步。各种特种性能的多种合金钢在这一时期相继诞生。这些合金材料的出现，促进了机器、电气、化工、交

钢铁时代的引路人　贝塞麦

通运输、军事工业的发展。

　　与此同时，有色金属火法冶炼技术的进步，生产规模的扩大，电解、萃取等水法冶金的发明，使越来越多的重金属、轻金属、贵金属及稀有金属为人类服务。人类在产业革命之后进入了金属时代。

　　金属材料及其制品与人类的关系日日益密切。在现代社会中，人们的衣食住行都离不开金属材料，人们从事生产或其他活动所用的工具和设施也都要使用金属材料。可以说，没有金属材料便没有人类的物质文明。

→贝塞麦

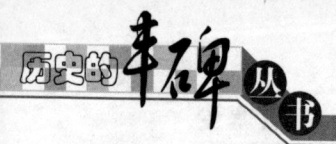

钢铁对人类的贡献

钢铁对现代世界发展至关重要，钢铁的使用对于推动人类步入可持续的未来非常关键。无论是在轻便节能的汽车、可再生能源、高效的发电站、智能电网建设领域，或是在交通基础设施开发，以及高能效住宅和商业建筑的建设领域，钢铁可谓是创建绿色世界的不可或缺的元素。

全球每年生产使用高达13多亿吨的钢铁。在发展中国家钢铁产量将继续高速增长，尤其是拉丁美洲、亚洲、非洲和印度次大陆等地区，钢铁对这些发展中国家提高物质生活和社会福利意义重大。在这些地区60%的钢铁用于基础建设。

消费量的持续增长使得仅通过报废钢铁产品的循环利用已无法满足钢铁需求，还是需要开采新的铁矿石来生产钢铁。

对废钢的利用，钢铁几乎是唯一的可以无限循环使用，其性能和性质却不受损失的材料。

在钢铁的整个生命周期中过去多年来钢铁回

钢铁时代的引路人　**贝塞麦**

收效率不断改进，钢铁在汽车和包装罐等领域的循环指标遥遥领先。此外通过制定循环和拆装政策来鼓励钢铁回收。炼钢所产生的副产品作为自然资源被其他行业所广泛利用，可降低这些行业的二氧化碳排放。例如，水泥行业通过使用高炉炉渣能大量减少二氧化碳排放。

降低温室气体排放是一个全球性的问题，需要全球性的解决方案。钢铁行业认为钢铁公司及主要产钢国共同积极努力共创未来低碳社会的合作至关重要。

世界上最早的钢铁结构高塔——埃菲尔铁塔

目前需要政府和产业间进行积极的、持续的沟通，超过40%的钢铁业务是国际的贸易。因此需要出台政策鼓励公平竞争，以确保同一地区的钢铁公司不会处于竞争劣势。

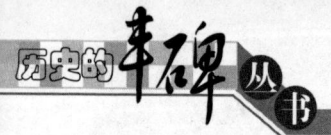

世界上最大的钢铁拱形大桥

悉尼港大桥号称世界上最大的钢铁拱形大桥，它与隔海相望的悉尼歌剧院一起，被称为悉尼的象征。

悉尼港大桥是早期悉尼的代表建筑，它像一道横贯海湾的长虹，巍峨俊秀，气势磅礴，悉尼港大桥长1 149米，宽49米，拱架顶端最高处距水面134米，万吨巨轮都可以从桥下通过。大桥将悉尼市区南北贯穿为一体，外形像一个高悬的衣架，因此又被当地人称为"大衣架"。

悉尼港大桥于1923年正式兴建，1932年3月19日正式建成。整个修建的过程不到10年，但是大桥从"怀胎"到"出世"，前后却花费了100多年。

1857年，悉尼工程师彼得·翰德逊绘成了第一张设计图，后来经过反复修改，到1923年才根据总工程师卜莱费博士的蓝图进行修建。在当时的条件下，能在大海上凌空架设这么大的桥，非常罕见。在悉尼海港大桥还没启用之前，曾动用了96个火车头，相当于大约5 900辆汽车的重量在桥上试行，以测试桥的承受力。

钢铁时代的引路人 **贝塞麦**

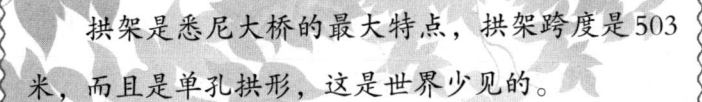

拱架是悉尼大桥的最大特点，拱架跨度是503米，而且是单孔拱形，这是世界少见的。

大桥的钢架两头搭在两个巨大的钢筋水泥桥墩上，桥墩高12米。钢架与桥墩的接头处有大滚珠，钢架热胀冷缩，滚珠起着调节作用。目前悉尼大桥的交通完全由电脑控制。桥上还有巡逻车巡逻，随时处理各种情况，使大桥始终保持畅通无阻。

世界上最大的钢结构建筑物——鸟巢

"鸟巢"是2008年北京奥运会主体育场。由2001年普利茨克奖获得者赫尔佐格、德梅隆与中国建筑师合作完成的巨型体育场设计，形态如同孕育生命的"巢"，它更像一个摇篮，寄托着人类对未来的希望。

钢结构大量采用由钢板焊接而成的箱形构件，交叉布置的主桁架与屋面及立面的次结构一起形成了"鸟巢"的特殊建筑造型。

"鸟巢"以巨大的钢网围合、覆盖着9.1万人的体育场；观光楼梯自然地成为结构的延伸；立柱消失了，均匀受力的网如树枝般没有明确的指

科学家卷 115

向，让人感到每一个座位都是平等的，置身其中如同回到森林；把阳光滤成漫射状的充气膜，使体育场告别了日照阴影；整个地形隆起4米，内部做附属设施，避免了下挖土方所耗的巨大投资。

钢结构是世界上独一无二的。"鸟巢"钢结构总重4.2万吨，最大跨度343米，而且结构相当复杂。

整个体育场结构的组件相互支撑，形成网格状的构架，外观看上去就仿若树枝织成的鸟巢，其灰色矿质般的钢网以透明的膜材料覆盖，其中包含着一个土红色的碗状体育场看台。在这里，中国传统文化中镂空的手法、陶瓷的纹路、红色的灿烂与热烈，与现代最先进的钢结构设计完美地相融在一起。赋予体育场以不可思议的戏剧性和无与伦比的震撼力。

←北京的奥运场馆——鸟巢